Yonqui

William S. Burroughs

Yonqui

Traducción de Martín Landínez y Francesc Roca

EDITORIAL ANAGRAMA

BARCELONA

Título de la edición original:
Junky
Ace Books
Nueva York, 1953

*Edición completa del libro, que tuvo que ser publicado originalmente
expurgado y bajo el seudónimo de William Lee*

Ilustración: © Camille Vannier

Primera edición en «Contraseñas»: diciembre 1997
Primera edición en «Compactos»: noviembre 1999
Decimosexta edición en «Compactos»: febrero 2023

Diseño de la colección: Julio Vivas y Estudio A

© De la traducción, Martín Lendínez y Francesc Roca, 1997

© William S. Burroughs, 1977

© Estate of William S. Burroughs, 1985

© EDITORIAL ANAGRAMA, S. A., 1997
  Pau Claris, 172
  08037 Barcelona

ISBN: 978-84-339-6642-1
Depósito Legal: B. 38676-2011

Printed in Spain

Liberdúplex, S. L. U., ctra. BV 2249, km 7,4 - Polígono Torrentfondo
08791 Sant Llorenç d'Hortons

INTRODUCCIÓN

Bill Burroughs y yo nos conocimos en las navidades de 1944, y desde principios de los años cincuenta nos une una profunda amistad. Siempre lo he respetado por ser mayor y más sensato que yo, y durante los primeros años de nuestra relación no podía comprender por qué me trataba con tanta consideración. El paso del tiempo, y las profundas alteraciones que trajo a nuestras vidas –tuve que permanecer recluido en un sanatorio mental, y él viajó y sufrió una terrible tragedia personal–, confirmaron mi intuición de que era muy tímido, y lo animé a escribir más prosa. Para entonces, tanto Kerouac como yo considerábamos que nuestro destino era el de ser escritores, poetas, pero Bill se mostraba reacio a compartir estos sueños tan extravagantes. De todos modos, al contestar a mis cartas me enviaba capítulos de *Yonqui*, al principio creo que sólo para hacerme partícipe de anécdotas que consideraba curiosas, aunque –para mi emocionada sorpresa– no tardó en acariciar la idea de convertir aquellos fragmentos en el embrión de un libro, de una obra narrativa sobre el tema de la droga. Así pues, la mayor parte del original me llegó fragmentariamente por correo, a veces a casa de mis padres en Paterson, New Jersey. Pensaba que animaba a Bill a escribir. Pero ahora se me ocurre que lo que él pretendía al enviarme aquellos fragmentos de su libro era levantarme la moral y procurar que no perdiera el contacto activo con el mundo, pues me había ido a vivir al campo, a casa de mis padres, tras pasar ocho meses en un sanatorio mental como consecuencia de mis enfrentamientos con la ley mientras era hippie.

Esto ocurría hace cerca de un cuarto de siglo, y no recuerdo la estructura de nuestra correspondencia, que continuó durante años, de continente a continente y de costa a costa, y gracias a la cual surgieron, además de *Yonqui*, otros libros como *Las cartas de la ayahuasca*, *Queer* (cuando escribo estas líneas todavía sin publicar) y buena parte de *El almuerzo desnudo*. Por desgracia, obedeciendo los impulsos de su innata timidez, Burroughs ha destruido muchas de sus epístolas personales de mediados de los años cincuenta, que le devolví y le pedí que conservara, quizá por tratarse de misivas en las que manifiesta un natural bastante más afectuoso de lo que gusta de mostrar en público. Bien, el caso es que esa encantadora faceta del carácter del por lo demás invisible inspector Lee ha desaparecido para siempre tras el férreo telón de la autocensura literaria.

Una vez el manuscrito de *Yonqui* estuvo completo, se lo ofrecí a diversos compañeros de estudios o de sanatorio mental que habían conseguido introducirse en el campo editorial, ambición que también tuve, pero en la que fracasé; así pues, dada mi incompetencia para los asuntos mundanos, me veía como una especie de agente secreto literario. Jason Epstein leyó el manuscrito (conocía las leyendas que circulaban acerca de Burroughs desde sus días de estudiante en Columbia) y llegó a la conclusión de que, si lo hubiera escrito Winston Churchill, habría resultado interesante, pero, como la prosa de Burroughs «carecía de distinción» (extremo este que discutí acaloradamente con él en su despacho de Doubleday, aunque al final tuve que claudicar, pues debilitaba mis energías estar rodeado por tanta Realidad; también la debilitaron las granadas de gas mostaza que me disparaban editores siniestros e inteligentes, mi propia paranoia y mi inexperiencia para enfrentarme a la tremenda estupidez que reina en los grandes edificios de oficinas de Nueva York), no le interesaba publicar el libro. Por aquel entonces, también trataba de encontrar editor para los capítulos proustianos de las *Visions of Cody* de Kerouac, que andando el tiempo se convertirían en la visión de *En el camino*. Y llevé esta última obra de una editorial a otra. Louis Simpson, que se recuperaba de una crisis nerviosa en Bobbs-Merrill, tampoco vio mérito artístico en el manuscrito.

Pero tuve la tremenda suerte de que Carl Solomon, que había

sido compañero mío en el Instituto Psiquiátrico del Estado de Nueva York, trabajara en Ace Books, de la que era propietario su tío, el señor A. A. Wyn. Solomon tenía el gusto literario y el sentido del humor necesarios para apreciar obras como aquéllas, aunque, como estaba de vuelta de sus propias extravagancias literarias dadaístas, paranoico-críticas y vanguardistas en general, al igual que Simpson, desconfiaba del romanticismo criminal y vagabundo de Burroughs y Kerouac. (Yo era por aquel entonces un encantador muchacho judío con un pie en la clase media que escribía poesía metafísica de corte tradicional que luego revisaba con todo cuidado, más o menos.) Ciertamente, aquellos libros indicaban que estábamos en medio de una crisis de identidad premonitoria de una depresión nerviosa para el conjunto de los Estados Unidos. Por otra parte, Ace Books publicaba fundamentalmente en sus colecciones de bolsillo libros de evasión, entre los que Carl intercalaba a veces, muy nervioso, alguna novela francesa o con algo más de enjundia, mientras su tío fruncía el ceño.

El editor Solomon nos decía que no nos dábamos cuenta (Bill, Jack, yo), pero él sí, de que había que ser verdaderamente paranoico para publicar libros como aquéllos, pues el ambiente en que nos movíamos no era el suyo y no estábamos condicionados por la familia y los psiquiatras, por las responsabilidades que conllevaba trabajar en la editorial ni por el nerviosismo de pensar que su tío pudiera considerarlo loco; por tanto, fue un acto de verdadero valor por su parte programar «una cosa así», un libro sobre la droga, y darle a Kerouac doscientos cincuenta dólares como anticipo por una novela. «Todo aquello estuvo a punto de causarme una depresión nerviosa; me daba verdadero pánico trabajar con semejante material.»

Por aquel entonces –y en la actualidad no ha desaparecido del todo, pues aún quedan vibraciones residuales de la paranoia del estado policial cultivadas por las brigadas de narcóticos– estaba muy extendida la idea implícita de que si hablabas en voz alta de la hierba (y no digamos de la droga) en el metro o el autobús, podías ser detenido, aunque sólo propusieras posibles cambios en las leyes. Era considerado ilegal hablar de las drogas. Una década más tarde aún no era posible proponer cambios en las leyes en un debate transmitido por la televisión pública nacional sin que la Oficina de Narcóticos y la Comisión Federal de Comunicaciones te denunciaran presentando como pruebas las grabaciones de tus palabras. Eso ya es historia. Pero el pánico al que se refería Solomon estaba muy extendido, y la industria editorial no era inmune a él. Así pues, para que el libro pudiera publicarse hubo que introducir en su texto una serie de modificaciones, unas a fin de que el editor no se viera implicado si el autor era llevado a los tribunales, y otras destinadas a impedir que el lector pudiera aceptar como buenas las arbitrarias opiniones del autor que estaban en desacuerdo con la «autoridad médica legalmente reconocida», una autoridad que por aquel entonces era cautiva de la Oficina de Narcóticos: veinte mil médicos fueron denunciados por tratar a yonquis en el periodo 1935-1953, y muchos miles de ellos fueron multados y encarcelados, en lo que la Asociación Médica de los Condados de Nueva York denominó «una guerra contra los médicos».

Lisa y llanamente, la verdad es que la Oficina de Narcóticos estaba conchabada con la delincuencia organizada y participaba bajo mano en la venta de droga, por lo que se dedicó a elaborar mitos que reforzaban la «criminalización» de los adictos en vez de procurarles tratamiento médico. Los motivos eran claros y sencillos: ansia de dinero, salarios bajos, chantaje y grandes beneficios ilegales, todo ello a expensas de una categoría de ciudadanos que eran calificados por la prensa y la policía de «enemigos de la sociedad». La historia de las estrechas relaciones entre las burocracias de la policía y del sindicato del crimen fue ampliamente documentada a principios de la década de los setenta por diversos libros e informes oficiales (entre los cuales destacan el informe de la Comisión Knapp acerca de Nueva York, publicado de 1972, y *The Politics of Opium in Indochina*, de Al McCoy).

Como el tema de su libro –in medias res– era considerado tan osado, se le pidió a Burroughs que escribiera un prólogo en el que explicara que era de buena familia –para lo que se convirtió en el anónimo William Lee– y diera algunos detalles que permitieran comprender cómo era posible que un ciudadano supuestamente normal llegara a convertirse en un degenerado enemigo de la sociedad, a fin de que la píldora les resultara más fácil de tragar a lectores, censores, críticos literarios, policías, espíritus estrechos de esos que tanto abundan por todas partes y sabe Dios a cuánta gente más. Carl escribió una preocupada introducción en la que pretendía ser la voz de la sensatez que presentaba el libro de parte del editor. Tal vez lo fuera. Cierta descripción literaria de la sociedad agrícola de Texas fue suprimida por considerarse que estaba fuera de lugar dada la dureza tan poco literaria del tema del libro. Y, como ya he dicho, cruciales afirmaciones medicopolíticas de William Lee, basadas en hechos o simples opiniones suyas, fueron primero encerradas entre paréntesis y luego tachadas por el editor.

Como agente, negocié un contrato que aceptaba todas esas mixtificaciones, y le entregué a Burroughs un adelanto de ochocientos dólares a cuenta de una edición de cien mil ejemplares que, cosa curiosa, fueron impresos —haciendo el sesenta y nueve, por así decirlo— en las mismas hojas en que se imprimía otro libro sobre drogas, escrito por un ex agente de narcóticos. Ciertamente, habíamos hecho una lamentable serie de claudicaciones; sin embargo, por otra parte, y dada nuestra inocencia, no dejó de ser una especie de milagro que el libro fuera impreso al fin y leído durante la década siguiente por más de un millón de *cognoscenti* que no pudieron menos que apreciar su inteligente exposición de los hechos, su clara percepción, su lenguaje sencillo y directo y sus imaginativas metáforas, así como su profunda comprensión de los fenómenos sociológicos, su actitud cultural revolucionaria hacia la burocracia y la ley, y el estoico y frío sentido del humor con que contempla la delincuencia.

ALLEN GINSBERG
19 de septiembre de 1976, Nueva York

Nací en 1914 en una sólida casa de ladrillo, de tres pisos, en una gran ciudad del Medio Oeste. Mis padres eran personas acomodadas. Mi padre poseía y dirigía un negocio de maderas. La casa tenía césped delante, un jardín trasero, un estanque con peces y una cerca muy alta de madera a su alrededor. Recuerdo al farolero encendiendo los faroles de gas de la calle y el inmenso y brillante Lincoln negro y los paseos por el parque los domingos. Todas las ventajas de una vida confortable, segura, que se ha ido ya para siempre. Podría escribir nostálgicas elegías acerca del viejo médico alemán que vivía en la casa de al lado, y de las ratas que correteaban por el jardín trasero, y del coche eléctrico de mi tía, y de mi sapo favorito, que vivía junto al estanque.

Los recuerdos más tempranos que conservo están impregnados de miedo a las pesadillas. Me asustaba estar solo, y me asustaba la oscuridad, y me asustaba ir a dormir a causa de mis sueños, en los que un horror sobrenatural siempre parecía a punto de adquirir forma. Temía que cualquier día el sueño se hiciera realidad cuando me despertase. Recuerdo haberle oído comentar a una sirvienta que fumar opio proporcionaba sueños agradables, y me dije: «Cuando sea mayor, fumaré opio.»

De niño tenía alucinaciones. Una vez me desperté con la primera luz de la mañana y vi a unos hombrecillos jugando dentro de una casa que había hecho con un juego de arquitectura. No tuve miedo, sólo me quedé de piedra y sentí sorpresa. Otra alucinación o pesadilla recurrente se refería a «animales en la pared», y comenzó con el delirio de una extraña fiebre que tuve a los cuatro o cinco años de edad y los médicos no supieron diagnosticar.

Fui a una escuela activa junto con los futuros ciudadanos honorables, los abogados, médicos y hombres de negocios de una gran ciudad del Medio Oeste. Con los otros niños me mostraba tímido y me asustaba la violencia física. Había una pequeña mala pécora muy agresiva que trataba de arrancarme el pelo así que me veía. Ahora me gustaría romperle la cara, pero hace años que se partió el cuello al caerse de un caballo.

Cuando tenía unos siete años, mis padres decidieron trasladarse a las afueras «para apartarse de la gente». Construyeron una enorme casa rodeada de jardines y bosque y con un estanque lleno de peces, y donde había ardillas en lugar de ratas. Mis padres vivían allí en una confortable cápsula, en medio de su hermoso jardín y sin mantener contacto con la vida de la ciudad.

Fui a un colegio de segunda enseñanza privado en las afueras. No fui especialmente bueno ni malo en los deportes, ni tampoco brillante ni retrasado en los estudios. Resultaba evidente que era un negado para las matemáticas o los trabajos manuales. Jamás me gustaron los juegos de competición en equipo y los evitaba siempre que podía. De hecho, me convertí en un enfermo imaginario crónico. Me gustaba pescar, cazar y caminar por el campo. Leía más de lo normal para un muchacho norteamericano de aquella época y lugar: Oscar Wilde, Anatole France, Baudelaire, incluso Gide. Mantuve una romántica amistad con otro chico y nos pasábamos los sábados explorando antiguas canteras, montando en bicicleta y pescando en estanques y ríos.

En esa época quedé muy impresionado por la autobiografía de un ladrón titulada *No puedes ganar*. El autor aseguraba haber pasado gran parte de su vida en la cárcel. Eso me parecía estupendo comparado con el aburrimiento de una zona residencial en las afueras de una ciudad del Medio Oeste en que cualquier contacto con la vida estaba cortado. Consideraba a mi amigo un aliado, un cómplice en el delito. Encontramos una fábrica abandonada y rompimos todos los cristales y robamos un formón. Nos atraparon y nuestros padres tuvieron que pagar los daños. Después de esto mi amigo «me dio pasaporte» porque nuestra amistad ponía en peligro su posición en el grupo. Comprendí que no existía compromiso posible entre el grupo, los otros, y yo, y llevé una vida muy solitaria.

El ambiente en que vivía me parecía vacuo, y nada me reprimía, así que me dediqué a solitarias aventuras. Mis actos criminales eran meros gestos, no me reportaban provecho y la mayor parte de las veces quedaban sin castigo. A veces entraba en una casa y la recorría sin llevarme nada. En realidad, no necesitaba dinero. Otras veces paseaba en coche por el campo con una carabina del 22 y disparaba contra las gallinas. Recorría las carreteras conduciendo temerariamente hasta que tuve un accidente del que salí ileso de milagro. Esto me hizo ser más precavido.

Fui a una de las tres grandes universidades, donde me matriculé en literatura inglesa, debido a mi falta de interés por cualquier otra materia. Odiaba la universidad y odiaba la ciudad donde estaba. Todo lo que se relacionaba con aquel lugar estaba muerto. La universidad tenía una falsa organización inglesa encomendada a graduados en falsos colegios de pago ingleses. Estaba solo. No conocía a nadie y los extraños eran mirados con desagrado por la cerrada corporación de quienes se consideraban escogidos.

Casualmente, conocí a algunos homosexuales ricos, pertenecientes a ese círculo internacional de locas que recorren el mundo y siempre acaban volviendo a encontrarse en todos los lugares de ambiente gay que hay entre Nueva York y El Cairo. Vi en ellos un modo de vida, un vocabulario, referencias, un sistema simbólico completo, como dicen los sociólogos. Pero esas personas, en su mayor parte, eran unos pedantes, y, tras un periodo inicial de fascinación, me alejé de aquel ambiente.

Tras graduarme, no precisamente con las mejores notas, empecé a recibir una asignación mensual de ciento cincuenta dólares. Corrían los años de la Depresión y no era fácil encontrar trabajo, aunque, a decir verdad, tampoco tenía ganas de encontrarlo. Anduve por Europa durante un año o así. Los efectos de la posguerra aún se hacían sentir allí. Los dólares norteamericanos podían comprar a gran cantidad de habitantes de Austria, machos o hembras. Esto pasaba en 1936 y los nazis estaban a la vuelta de la esquina.

Volví a los Estados Unidos. Con mi asignación podía vivir sin trabajar ni dedicarme a actividades fuera de la ley. Seguía separado de la vida como lo había estado en la zona residencial de las afueras de aquella ciudad del Medio Oeste. Perdía el tiempo en cursos de psicología para posgraduados y recibiendo lecciones de jiu-jitsu. Decidí someterme a psicoanálisis, y la cosa duró tres años. El análisis eliminó inhibiciones y ansiedad y entonces pude vivir como quería. Gran parte de mis progresos en el análisis tuvieron lugar a pesar de mi analista, a quien no le gustaba mi «orientación», como él decía. Finalmente, abandonó la objetividad analítica y me echó de su consulta asegurando que era un «cínico redomado». Yo estaba más contento con los resultados que él.

Tras ser rechazado en las pruebas físicas de cinco programas para formación de oficiales de complemento, fui llamado a filas por el ejército y considerado útil para todo servicio. Decidí que no me gustaba el ejército y recurrí a mi historial de persona con problemas psíquicos: en cierta ocasión, para impresionar a alguien que me interesaba por aquel entonces, recordé lo que había hecho Van Gogh y me corté una falangeta de un dedo. Me internaron en un manicomio, donde los médicos, por cierto, no habían oído hablar de Van Gogh. Me consideraron esquizofrénico, y añadieron que, además, era del tipo paranoide, para explicar el hecho asombroso de que supiera dónde me encontraba y quién era el presidente de los Estados Unidos. Cuando en el ejército vieron el informe con aquel diagnóstico, me licenciaron con la nota: «Este hombre no debe volver a ser llamado a filas.»

Después de esta ruptura de relaciones con el ejército, desempeñé diversos oficios. En aquellos momentos uno podía conseguir el empleo que quisiera. Trabajé de detective privado, de fumigador de insectos, de camarero. Trabajé en fábricas y oficinas. Coqueteé con la delincuencia. Pero mis ciento cincuenta dólares mensuales siempre llegaban puntualmente. No tenía necesidad de dinero. Me parecía una extravagancia romántica poner en juego mi libertad mediante actos delictivos que eran meramente simbólicos. Fue entonces y en esas circunstancias cuando entré en contacto con la droga* y me convertí en adicto; fue entonces cuando

---

* «Droga» se utiliza en este libro para traducir el término inglés *junk,* es decir, producto destinado a pincharse, fundamentalmente opiáceo. Cuando se trata de otras sustancias también incluidas en el apartado de drogas, se utiliza su nombre habitual o en argot, según convenga de acuerdo con el texto. *(N. de los T.)*

delinquí de modo consciente, al tener auténtica necesidad de dinero, algo que nunca me había ocurrido antes.

Ésta es la pregunta que se plantea con más frecuencia: ¿qué hace que alguien se convierta en drogadicto?

La respuesta es que, normalmente, nadie se propone convertirse en drogadicto. Nadie se despierta una mañana y decide serlo. Por lo menos es necesario pincharse dos veces al día durante tres meses para adquirir el hábito. Y no se experimenta realmente lo que es el síndrome de abstinencia hasta después de varios periodos de adicción separados por épocas de abstinencia. Tardé casi seis meses en adquirir mi primer hábito, y, a pesar de ello, cuando lo dejé los síntomas del síndrome de abstinencia fueron leves. No creo exagerado afirmar que para convertirse en adicto se necesita cerca de un año y varios cientos de pinchazos.

Naturalmente, hay quien hace otras preguntas: ¿por qué empieza alguien a usar estupefacientes? ¿Por qué sigue usándolos hasta convertirse en adicto? Uno se hace adicto a los narcóticos porque carece de motivaciones fuertes que lo lleven en cualquier otra dirección. La droga llena un vacío. Yo empecé por pura curiosidad. Luego empecé a pincharme cada vez que me apetecía. Terminé colgado. La mayor parte de los adictos con los que he hablado tuvieron una experiencia semejante. No empezaron a consumir drogas por ninguna razón en concreto. Quien nunca haya sido adicto, no puede hacerse la idea de lo que significa necesitar droga con la tremenda intensidad de quien está enganchado. Nadie decide convertirse en yonqui. Una mañana se levanta sintiéndose muy mal y se da cuenta de que lo es.

Jamás he lamentado mi experiencia con las drogas. Creo que gracias a haberlas usado de modo intermitente en la actualidad mi salud es mejor de lo que sería si nunca las hubiera probado. Cuando uno deja de crecer, empieza a morir. Un adicto nunca deja de crecer. Muchos adictos se abstienen de las drogas periódicamente, lo que implica que el organismo expulsa las sustancias nocivas al contraerse, y las células que dependen de la droga son reemplazadas. Una persona que consume drogas está en un estado continuo de contracción y crecimiento en su ciclo diario de necesitar pincharse para poder sentir la satisfacción de haberse pinchado.

Muchos adictos parecen más jóvenes de lo que son. Recientemente, se han realizado experimentos científicos con un gusano al que obligaban a contraerse suprimiéndole la alimentación. Al contraerse periódicamente, el gusano estaba en crecimiento continuo, de modo que su vida era prolongada indefinidamente. Si un yonqui pudiera mantenerse de modo permanente en el estado en que se siente cada vez que deja la droga, quizá podría vivir hasta una edad increíblemente longeva.

La droga es una ecuación celular que enseña a quien la usa hechos de validez general. Yo he aprendido muchísimo gracias a su uso: he visto medir la vida por las gotas de solución de morfina que hay en un cuentagotas. He experimentado la angustiosa privación que provoca el síndrome de abstinencia, y el placer del alivio cuando las células sedientas de droga beben de la aguja. Quizá todo placer sea alivio. He aprendido el estoicismo celular que la droga enseña al que la usa. He visto una celda llena de yonquis enfermos, silenciosos e inmóviles, en aislada miseria. Sabían que era inútil quejarse o moverse. Sabían que, en el fondo, nadie puede ayudar a nadie. No existe clave, no hay secreto que el otro tenga y pueda comunicar.

He aprendido la ecuación de la droga. La droga no es, como el alcohol o la hierba, un medio para incrementar el disfrute de la vida. La droga no proporciona alegría ni bienestar. Es una manera de vivir.

Tuve mi primera experiencia con la droga durante la guerra, en 1944 o 1945. Había conocido a un hombre llamado Norton que por entonces trabajaba en unos astilleros. Norton, cuyo nombre auténtico era Morelli o algo así, había sido expulsado del ejército antes del comienzo de la guerra por falsificar un cheque de paga, y fue declarado no apto para el servicio, a causa de su carácter violento, cuando se inició la contienda. Se parecía a George Raft, aunque era más alto. Norton estaba intentando mejorar su inglés y adquirir unos modales afables, educados. Sin embargo, en él la afabilidad no resultaba natural. Aun estando tranquilo, su expresión era sombría y sórdida, y uno era consciente de que su aspecto no debía de mejorar, precisamente, cuando le volvía la espalda.

Norton era un ladrón empedernido, y no se sentía bien si no robaba algo todos los días en los astilleros donde trabajaba. Alguna herramienta, unas latas de conservas, un par de monos de mecánico, cualquier cosa. Un día me llamó y me dijo que había robado una metralleta Thompson. ¿Sabía de alguien que quisiera comprarla? Le dije:

—Es posible. Tráela.

La escasez de viviendas era tremenda. Pagaba quince dólares a la semana por un asqueroso apartamento que daba a la escalera de incendios y jamás veía la luz del sol. El papel de las paredes estaba hueco, porque el radiador dejaba escapar en forma de vapor el agua que entraba en él. Tenía las junturas de las ventanas forradas con papel de periódico para protegerme del frío. Todo estaba lleno de cucarachas y ocasionalmente tenía que matar alguna chinche.

Estaba sentado junto al radiador, un tanto húmedo por el vapor, cuando oí llamar a Norton. Abrí la puerta y allí estaba, en el oscuro vestíbulo, con un paquete bastante grande envuelto en papel de estraza bajo el brazo. Sonrió y dijo:

–Hola.

Yo dije:

–Entra, Norton, y quítate el abrigo.

Desenvolvió la metralleta, la montamos y apretamos el gatillo. Dije que encontraría alguien que la comprara.

Norton dijo:

–Mira, aquí tengo otra cosa que he pulido.

Se trataba de una caja plana amarilla con cinco jeringuillas desechables de goma de treinta miligramos de tartrato de morfina.

–Esto es sólo una muestra –dijo señalando la morfina–. Tengo otras quince cajas en casa y puedo conseguir muchas más si te deshaces de éstas.

–Veré lo que puedo hacer –le dije.

Hasta entonces nunca había tomado drogas ni se me había pasado por la cabeza probarlas. Empecé a buscar a alguien que quisiera comprar las dos cosas y fue entonces cuando entré en contacto con Roy y Herman.

Conocía a un joven maleante de la zona norte del estado de Nueva York que trabajaba de cocinero en Riker's, «para camuflarse», como él decía. Le llamé y le dije que tenía algo que colocar, y nos citamos en el Bar Angle de la Octava Avenida, cerca de la calle 42.

Ese bar era el lugar de reunión de los maleantes de la calle 42, un grupo muy peculiar de pequeños estafadores y raterillos con ansias de convertirse en delincuentes a gran escala. Siempre estaban buscando a un «cerebro en la sombra» que planeara grandes golpes y les dijera exactamente lo que tenían que hacer. Como nadie que planeara algo serio se arriesgaba a contar con tipos tan evidentemente ineptos, cenizos y fracasados, seguían buscando, fabricando mentiras disparatadas sobre fabulosos golpes, trabajando ocasionalmente de lavaplatos, camareros, pinches, robando de vez en cuando a un borracho o a una loca tímida, buscando, siempre buscando a alguien que les propusiera un buen asunto, alguien que les dijera:

–Te he estado observando. Eres la persona que necesito para este golpe. Escucha bien...

Jack –a través del cual conocí a Roy y a Herman– no era una de esas ovejas perdidas en busca de un pastor con sortija de diamantes y pistola en la sobaquera que con voz firme y segura les sugiriera esos contactos, sobornos y planes que hacen que cualquier golpe suene a cosa fácil y de éxito seguro. A Jack le iban bien las cosas de vez en cuando y entonces se le podía ver con ropa nueva y hasta con coches nuevos. También era un mentiroso impenitente que parecía mentir más para sí que para los demás. Tenía buen aspecto y rostro saludable de campesino, aunque había algo extrañamente enfermizo en él. Sufría súbitas fluctuaciones de peso, como un diabético o un enfermo del hígado. Esos cambios de peso solían ir acompañados de incontrolables arrebatos de inquietud que hacían que desapareciera durante unos cuantos días.

Era algo realmente misterioso. Lo veías la mar de lustroso, con aspecto de niño sano, y una semana o así después estaba delgado, macilento y envejecido, y era preciso mirarlo atentamente un par de veces antes de reconocerlo. Su cara estaba recorrida por un sufrimiento del que sus ojos no participaban. Eran sólo sus células las que sufrían. Él –el yo consciente reflejado en la mirada tranquila y alerta de sus ojos de maleante– no tenía nada que ver con aquel sufrimiento de su otro yo, un sufrimiento del sistema nervioso, de la carne y las vísceras y las células.

Se sentó a mi mesa en un reservado y pidió un chupito de whisky. Lo despachó, apartó el vaso y me miró con la cabeza un poco ladeada y echada hacia atrás.

–¿Qué es lo que tienes? –dijo.

–Una metralleta Thompson y unos quinientos miligramos de morfina.

–La morfina puedo colocarla inmediatamente, pero la metralleta quizá me lleve algún tiempo.

Entraron dos policías de paisano que se apoyaron en la barra y se pusieron a hablar con el camarero. Jack hizo un gesto con la cabeza en su dirección.

—La pasma. Vamos a dar un paseo.

Lo seguí fuera del bar. Se deslizó a través de la puerta con disimulo.

—Voy a llevarte a ver a alguien que querrá la morfina —dijo—. Debes olvidar su dirección.

Bajamos al metro. La voz de Jack, dirigiéndose a un invisible auditorio, sonaba sin cesar. Tenía el don de penetrar directamente en tu conciencia. Ningún ruido exterior la apagaba.

—A mí, dame una treinta y ocho. Con acariciar el percutor, basta. Soy capaz de tumbar a cualquiera a doscientos metros. Da igual lo que pienses. Mi hermano tiene dos ametralladoras del calibre 30 escondidas en Iowa.

Salimos del metro y empezamos a caminar por aceras cubiertas de nieve a lo largo de hileras de casas de apartamentos de aspecto miserable.

—Un tío me debía dinero desde hacía tiempo, ¿sabes? Sabía que lo tenía, pero no quería pagarme, así que lo esperé a la salida del trabajo. Yo llevaba un calcetín lleno de monedas. Nadie puede acusarte de nada por llevar encima dinero de curso legal. Me dijo que estaba sin blanca. Le rompí la mandíbula y le quité el dinero que me debía. Dos de sus amigos estaban delante, pero se mantuvieron aparte. Los amenacé con una navaja.

Subimos las escaleras de una de aquellas casas. Los escalones eran de un metal negro muy gastado. Nos paramos ante una estrecha puerta forrada de metal y Jack llamó de un modo especial al tiempo que inclinaba la cabeza hacia el suelo como un ladrón de cajas fuertes. Abrió la puerta una maricona de mediana edad, un tipo alto, fofo, con tatuajes en los brazos e incluso en el dorso de las manos.

—Éste es Joey —dijo Jack, y Joey dijo:

—Hola.

Jack sacó del bolsillo un billete de cinco dólares y se lo dio a Joey.

—Tráenos una botella de Schenley, ¿quieres, Joey?

Joey se puso el abrigo y salió.

En muchas de aquellas miserables casas de apartamentos la puerta da directamente a la cocina. Eso pasaba en aquélla, y, por tanto, estábamos en la cocina.

Cuando Joey salió vi que allí había otro hombre y me estaba

mirando. Ondas de hostilidad y desconfianza salían de sus grandes ojos castaños, como si fueran una especie de emisora de televisión. Casi te hacían sentir un impacto físico. El hombre era bajo y muy delgado; su cuello parecía bailar en el cuello de la camisa. Su tez era pardoamarillenta, y se había aplicado maquillaje en un vano intento de disimular una erupción de la piel. La boca se le estiraba por los lados con una mueca de aburrimiento petulante.

—¿Quién es ése? —dijo. Su nombre, como supe más tarde, era Herman.

—Es amigo mío. Tiene algo de morfina y quiere deshacerse de ella.

Herman flexionó los brazos y dijo:

—De momento, no me interesa.

—Bien —dijo Jack—, se la venderemos a otro. Vamos, Bill.

Pasamos a la habitación delantera. Había una pequeña radio, un Buda de porcelana con una vela encendida delante, algunas figurillas. Un hombre estaba tumbado en una cama. Se incorporó a medias cuando entramos en la habitación y dijo hola y sonrió de modo agradable mostrando unos dientes amarillentos. Su voz era del Sur con un ligero acento del este de Texas.

Jack dijo:

—Roy, éste es un amigo mío. Tiene algo de morfina y quiere venderla.

El hombre se sentó y bajó las piernas de la cama. Su mandíbula pendía sin fuerza, lo que daba a su rostro una expresión vacía. La piel de su cara era blanda y oscura. Tenía los pómulos prominentes, lo que le daba aspecto de oriental. Sus orejas se separaban de su cráneo asimétrico formando ángulo recto. Sus ojos eran castaños y tenían un brillo peculiar, como si hubiera un punto de luz tras ellos. La luz de la habitación centelleaba sobre esos puntos de luz de sus ojos como un ópalo.

—¿Cuánta tienes? —me preguntó.

—Setenta y cinco jeringuillas de treinta miligramos.

—El precio corriente de esa dosis es un dólar —dijo—, pero las jeringuillas valen un poco menos. La gente quiere tabletas. Las jeringuillas tienen mucha agua y hay que abrirlas y calentar el líquido. —Hizo una pausa y puso cara inexpresiva—. Puedo pagarte a setenta y cinco centavos la jeringuilla —dijo finalmente.

—Me parece bien —dije.

Le pregunté cómo nos pondríamos en contacto y le di mi número de teléfono.

Joey volvió con el whisky y todos bebimos. Herman señaló con la cabeza hacia la cocina y le dijo a Jack:

—¿Puedo hablar contigo un momento?

Pude oír que discutían sobre algo. Después Jack volvió y Herman siguió en la cocina. Bebimos unos tragos y Jack empezó a contarnos una historia.

—Mi socio limpiaba el apartamento. El tipo estaba dormido y yo lo vigilaba pegado a él con un trozo de cañería de un metro de largo que había encontrado en el cuarto de baño. La cañería tenía un grifo al final. De pronto, el tío se despierta, salta de la cama y echa a correr. Le hice una caricia con el grifo y siguió corriendo hasta la otra habitación, arrojando sangre por la cabeza a tres metros de distancia con cada latido del corazón. —Hizo un movimiento de bombeo con la mano—. Se le veían los sesos y la sangre que le salía de ellos. —Jack se echó a reír de modo incontrolable—. Mi chica estaba esperándome en el coche. Me llamó... ¡ja, ja, ja!, me llamó... ¡ja, ja, ja!, «¡asesino a sangre fría!».

Se rió hasta que la cara se le puso roja.

Unas noches después de mi entrevista con Roy y Herman, utilicé una de las jeringuillas, lo que constituyó mi primera experiencia con la droga. Aquellas primitivas jeringuillas desechables consistían en un tubito de goma —semejante a los tubos de pasta dentífrica— con una cánula en un extremo. Había que introducir un alfiler por la cánula para romper el sello, y la jeringuilla ya se podía usar.

La morfina pega primero en la parte de atrás de las piernas, luego en la nuca, y después notas una gran oleada de relajación que te despega los músculos de los huesos y parece que flotes sin sentir el contorno de tu cuerpo, como si estuvieras tendido sobre agua salada caliente. Cuando esta relajación se extendió por mis tejidos, experimenté un fuerte sentimiento de miedo. Tenía la sensación de que una imagen horrible estaba allí, más allá de mi campo de visión, y se movía cuando yo volvía la cabeza, de modo que nunca podía verla. Sentí náuseas; me tumbé y cerré los ojos. Vi pasar una serie de imágenes, como si estuviera viendo una película: un enorme bar con luces de neón que se hacía mayor y mayor hasta que calles, tráfico y las obras de reparación que se hacían en las calles quedaron incluidos en él; una camarera llevaba una calavera en una bandeja; vi estrellas en un cielo azul, radiante. Sentí el impacto físico del miedo a la muerte; el corte de la respiración; la detención de la sangre.

Me adormilé, y cada vez que me despertaba sentía una punzada de miedo. A la mañana siguiente vomité y tuve mareos hasta el mediodía.

Roy me llamó aquella noche.

—Con respecto a lo que hablamos la otra noche —me dijo—, puedo darte cuatro dólares por caja y llevarme cinco cajas ahora mismo. ¿Estás ocupado? Pasaré por tu casa. Llegaremos a un acuerdo, ya verás.

Pocos minutos después llamaba a la puerta. Llevaba una chaqueta de cuadros y una camisa color café. Nos dijimos hola. Miró a su alrededor inexpresivo y dijo:

—Si no te molesta, me pondré una de éstas.

Abrí la caja. Cogió una jeringuilla y se la inyectó en la pierna. Se subió los pantalones rápidamente y sacó veinte dólares del bolsillo. Puse cinco cajas sobre la mesa de la cocina.

—Será mejor que saque las jeringuillas de las cajas —dijo—. Abultan demasiado. —Se las metió en los bolsillos de la chaqueta—. No creo que así se rompa el sello. —Luego dijo—: Te volveré a llamar mañana o así, cuando haya colocado éstas y tenga dinero para más. —Se puso el sombrero en el asimétrico cráneo—. Hasta la vista.

Al día siguiente volvió. Se pinchó otra jeringuilla y sacó cuarenta dólares. Le di diez cajas y me quedé con dos.

—Éstas son para mí —le dije.

Me miró sorprendido:

—¿Es que también te picas?

—De vez en cuando.

—Es mal asunto —dijo meneando la cabeza—. Es lo peor que puede sucederle a un hombre. Todos creemos al principio que podremos controlarlo. Luego dejamos de querer controlarlo —sonrió—. Te compraré todo lo que consigas a este precio.

Al día siguiente volvió. Me preguntó si por casualidad había cambiado de idea y quería venderle las dos cajas. Le dije que no. Me compró dos jeringuillas, a dólar cada una, y se las pinchó. Antes de marcharse me dijo que se había enrolado como marino para una travesía de dos meses.

Durante el mes siguiente utilicé las ocho jeringuillas que no había vendido. El miedo que había experimentado tras la utilización de la primera no se reprodujo a partir de la tercera; sin embargo, de vez en cuando, tras una inyección, al despertarme sentía una punzada de temor. Seis semanas o así después telefoneé a Roy, aunque no confiaba en que hubiera regresado de su viaje. Pero oí su voz al teléfono.

Le dije:

—Oye, ¿tienes algo para vender? Me refiero a aquello que te vendí.

Hubo una pausa.

—Sí —dijo—, puedo pasarte el equivalente de doce jeringuillas, pero el precio es de un dólar y medio cada una. Es que no tengo muchas. Ya sabes.

—De acuerdo —dije—. Ya conoces el camino. Tráemelas.

Se trataba de doce tabletas de treinta miligramos metidas en un delgado tubo de cristal. Le pagué los dieciocho dólares y volvió a lamentarse del precio.

Al día siguiente volvió, para comprarme cuatro tabletas.

—Resulta difícil conseguirlas al precio que sea —dijo mientras se buscaba una vena en la pierna. Por fin, encontró una adecuada y se inyectó el líquido con las tabletas disueltas, en el que había una burbuja de aire—. Si las burbujas de aire mataran, no habría ningún yonqui vivo.

Ese mismo día, Roy me indicó una farmacia donde vendían agujas hipodérmicas sin hacer preguntas (hay muy pocas que las expendan sin receta). Me enseñó cómo hacer un anillo de papel para unir la aguja a un cuentagotas. Un cuentagotas resulta más fácil de usar que una jeringuilla de émbolo, especialmente para inyectarse en la vena.

Unos días después, por consejo de Roy, fui a que me visitara un médico, al que debía explicar un cuento sobre piedras en el riñón, para conseguir una receta de morfina. La mujer del médico me dio con la puerta en las narices, pero después Roy consiguió esquivarla y el médico le extendió una receta de seiscientos miligramos.

La consulta del médico estaba situada en plena zona de yonquis, en la calle 102, cerca de Broadway. Era un viejo chocho incapaz de oponer resistencia a los yonquis que acudían a su consulta y que, de hecho, eran sus únicos pacientes. Debía de sentirse importante al ver su sala de espera llena de gente. Supongo que había llegado a un punto en el que era capaz de modificar la apariencia de las cosas según sus deseos, y cuando miraba su sala de espera debía de ver una clientela distinguida, probablemente bien vestida al estilo de 1910, en lugar de aquel montón de yonquis con pinta de ratas en busca de una receta de morfina.

Roy solía embarcarse cada dos o tres semanas. Sus viajes eran de transporte de tropas y generalmente cortos. Cuando estaba en la ciudad solía agenciarse unas cuantas recetas. El viejo matasanos de la 102 terminó por enloquecer del todo y en ninguna farmacia querían despachar sus recetas, pero Roy localizó a un médico italiano del Bronx que recetaba morfina con facilidad.

Me picaba de vez en cuando, pero estaba aún muy lejos de ser un adicto. En esa época me trasladé a un apartamento de la parte baja del East Side. Se trataba de uno de aquellos miserables cuchitriles cuya puerta daba directamente a la cocina.

Empecé a dejarme caer por el Bar Angle todas las noches, y solía ver bastante a Herman. Conseguí borrar la mala impresión que le había causado al principio, y pronto empecé a invitarle a bebida y comida, e incluso me pedía dinero prestado con cierta frecuencia. Entonces él tampoco era adicto todavía. De hecho, sólo se pinchaba cuando alguien le invitaba. Pero siempre estaba colocado con algo –hierba, bencedrina– o con la mente obnubilada por los barbitúricos. Solía aparecer por el Angle todas las noches con un tipo asqueroso llamado Whitey. En el Angle había cuatro Whitey, lo que creaba cierta confusión. Este Whitey combinaba la susceptibilidad de un neurótico con la inclinación a la violencia de un psicópata. Estaba convencido de que le caía mal a todo el mundo, y eso era algo que le hacía sufrir horrores.

Un martes por la noche estábamos Roy y yo en el extremo de la barra del Angle. Mike el del Metro estaba allí, y también Frankie Dolan. Dolan era un irlandés con un defecto en la vista. Era especialista en raterías de mala muerte, le gustaba dar palizas a los borrachos después de robarles y no quería compartir el botín con sus compinches.

—Carezco de honor. Soy una rata —solía decir. Y soltaba una tonta risita.

Mike el del Metro era un tipo alto, de cara pálida y grandes dientes. Parecía una especie de animal de alcantarilla que atacara a los animales que vivían en la superficie. Trabajaba con habilidad a los borrachos, pero era muy cobarde. Cualquier policía lo calaba sólo con verlo, y era muy conocido por la brigadilla del metro. Por eso, Mike solía pasarse la mitad del tiempo en la cárcel por carterista. Era un taleguero consumado.

Esa noche, Herman llevaba una buena dosis de nembutal encima y la cabeza se le caía pesadamente sobre la barra. Whitey andaba arriba y abajo intentando que alguien le invitara a un trago. Los tipos de la barra se mantenían tensos y rígidos, agarrados a sus bebidas, y miraban a su espalda de reojo, recelosos. Oí que Whitey le decía al camarero:

—¿Quieres guardarme esto un momento?

Y le pasó su enorme navaja automática por encima de la barra.

Los clientes estaban sentados silenciosos y lúgubres bajo las luces fluorescentes. Todos tenían miedo de Whitey. Todos, excepto Roy. Roy bebía su cerveza con calma. Los ojos le brillaban con aquella fosforescencia especial que lo caracterizaba. Su largo cuerpo asimétrico se apoyaba en la barra. No miraba a Whitey, sino a la pared de enfrente, donde estaban colocadas las botellas. En un momento dado me dijo:

—No está más borracho que yo. Simplemente, tiene sed.

Whitey estaba en medio del bar con los puños apretados; le rodaban lágrimas por la cara.

—¡Soy un desgraciado! —decía—. ¡Soy un desgraciado! ¿Es que nadie comprende que no sé lo que me hago?

La gente se apartaba de él a toda prisa tratando de no atraer su atención.

Slim el del Metro, un compinche ocasional de Mike, entró y pidió una cerveza. Era alto y huesudo, y su fea cara tenía aspecto inanimado, como si fuera de madera. Whitey le dio un golpecito en la espalda y oí que Slim decía:

—¡No me jodas, Whitey!

Siguió una breve conversación, que no oí. Whitey tenía su navaja en la mano. El camarero debía de habérsela devuelto. Se puso detrás de Slim y le clavó la hoja en la espalda. Slim cayó hacia delante aullando. Vi que Whitey se guardaba la navaja en el bolsillo.

—Vámonos —dijo Roy.

Whitey había desaparecido y el bar estaba vacío, exceptuando a Mike, que había agarrado a Slim por un brazo. Frankie Dolan lo cogía por el otro.

Al día siguiente le oí decir a Frankie que Slim estaba bien.

—El matasanos que lo atendió en el hospital dijo que la navaja no le había alcanzado el riñón por los pelos.

Roy dijo:

—¡Qué desgraciado! Los hombres de verdad inspiran respeto aunque estén majaras, pero no un rata como ése, que se dedica a pedirles limosna a los que están en la barra. Si se hubiera metido conmigo, habría sabido lo que es bueno. Primero le iba a pegar una patada en los huevos, y luego habría cogido una de esas botellas de cerveza de la caja y le habría partido la crisma. Con un miserable como él hay que usar la estrategia.

Poco después el Angle fue cerrado, y cuando abrió de nuevo había cambiado de nombre y se llamaba Roxy Grill.

Una noche fui a la calle Henry en busca de Jack. Una chica alta y pelirroja me abrió la puerta.

—Soy Mary —dijo—, entra.

Al parecer, Jack estaba en Washington, en viaje de negocios.

—Pasa a la habitación de delante —dijo la chica, y apartó una cortina de terciopelo rojo—. Recibo al casero y a los cobradores en la cocina. *Vivimos* juntos.

Miré alrededor. Las figurillas habían desaparecido. La habitación parecía un restaurante chino. Había pequeñas mesas lacadas rojas y negras esparcidas por todas partes, y unas cortinas negras tapaban la ventana. En el techo estaba pintada una rueda dividida en pequeños cuadrados y triángulos de diferentes colores, que producía el efecto de un mosaico.

–La hizo Jack –dijo Mary señalando la rueda–. Tenías que haberlo visto. Extendió una tabla entre dos escaleras y se tumbó encima de ella. La pintura le caía en la cara. A veces le gusta hacer cosas así. Tenemos unos alucines tremendos con esa rueda cuando estamos colocados. Nos tumbamos a mirarla y enseguida se pone a dar vueltas. Cuanto más fijo la miras, más deprisa va.

La rueda tenía esa vulgaridad de pesadilla propia de los mosaicos aztecas, esa sangrienta, vulgar pesadilla, ese corazón latiendo bajo el sol de la mañana, esos chabacanos rosas y azules de los ceniceros, las tarjetas postales y los calendarios que venden como recuerdos. Las paredes estaban pintadas de negro y había un ideograma chino lacado en rojo sobre una de ellas.

–No sabemos lo que significa –dijo.

–Camisas a treinta y un centavos –sugerí.

Se volvió y me sonrió con frialdad. Se puso a hablarme de Jack.

–Estoy loca por él –dijo–. Para él, ser ladrón es un oficio tan digno como otro cualquiera. A veces llega a casa por la noche con una pistola y me dice que la esconda. También le gusta trabajar en la casa pintando y haciendo muebles.

Mientras hablaba se movía por el cuarto, saltando de una silla a otra, cruzando y descruzando las piernas, ajustándose la combinación, como si quisiera mostrarme su anatomía por etapas.

Me contó que sus días estaban contados a causa de una extraña enfermedad.

–Sólo se conocen veintiséis casos. Dentro de unos pocos años no podré tenerme en pie. Mi organismo no puede asimilar el calcio y los huesos se van disolviendo lentamente. Al final tendrán que amputarme las piernas y después los brazos.

En realidad, parecía que no tuviera huesos, que fuera una criatura de las profundidades marinas. Sus ojos tenían la frialdad de los de un pez y parecían mirar a través de un medio viscoso que la envolviera y la acompañara de modo permanente. Podía imaginarme a aquellos ojos formando parte de una forma protoplasmática que se moviera sinuosamente en las oscuras profundidades.

–La bencedrina te pone a cien –dijo–. Tres tiras de papel o unas diez tabletas es bastante. O dos tiras y un par de cápsulas de nembutal. Cuando llegan a la panza se pelean. Dan un buen colocón.

Entraron tres jóvenes maleantes de Brooklyn. Caras de palo, manos en los bolsillos, conjuntados como un ballet. Buscaban a Jack. Les había estafado en un trapicheo. Por lo menos, eso parecía. Más que con palabras, se expresaban con significativos movimientos de la cabeza y con la postura de sus cuerpos al recorrer el apartamento y apoyarse en las paredes. Por fin, uno de ellos se dirigió a la puerta. Hizo un gesto con la cabeza y los otros lo siguieron.

–¿Te gustaría colocarte un poco? –preguntó Mary–. A lo mejor hay alguna colilla por ahí. –Empezó a rebuscar en cajones y ceniceros–. Me parece que no queda nada. ¿Por qué no salimos? Tengo buenos contactos y probablemente pillemos algo.

Un joven entró dando tumbos con un objeto envuelto en un papel pardo bajo el brazo.

–Deshazte de esto al salir –dijo, y puso el paquete sobre la mesa. Entró tambaleándose en la habitación del otro lado de la cocina. Cuando salíamos levanté el papel y vi una caja para echar las monedas de algún retrete automático, abierta de cualquier manera con una palanqueta.

En Times Square subimos a un taxi y empezamos a recorrer calles. Mary daba las direcciones y, de vez en cuando, chillaba: «¡Pare!», y saltaba fuera, con la cabellera pelirroja al viento, para ir a ver a alguien. Enseguida volvía diciendo: «El camello estaba aquí hace diez minutos, pero se acaba de marchar. Ese tío tiene, pero no hay forma de que suelte nada.» Otras veces decía: «El contacto no volverá en toda la noche. Vive en el Bronx. Paremos aquí un momento. Quizá pueda encontrar a alguien en Kellogg's.» Finalmente: «Parece que nadie está en su sitio. Ya es un poco tarde para conseguir nada. Vamos a comprar unos tubos de bencedrina y después a Ronnie's. Tienen discos antiguos en la gramola. Podemos tomar café y colocarnos con la bencedrina.»

Ronnie's era un bar cerca de la calle 52 y la Sexta Avenida, donde solía haber músicos tomando pollo frito y café a partir de la una de la madrugada. Nos sentamos y pedimos café. Mary abrió con manos expertas un tubo, sacó el papel doblado, lo rompió en tiras y me pasó tres.

–Tómalas con el café.

El papel despedía un mareante olor a mentol. Algunos de los que estaban alrededor olfatearon y sonrieron. Tuve náuseas al tragar, pero logré engullirlo. Mary puso unos cuantos discos viejos en la gramola y llevaba el ritmo tamborileando con los dedos sobre la mesa; tenía una expresión extática, como la de un mongólico masturbándose.

Empecé a hablar muy deprisa. Tenía la boca seca y la saliva espesa y pegajosa, y la soltaba en forma de bolas blancas –«escupir algodón» se llama a eso–. Íbamos caminando por Times Square. Mary trataba de recordar quién tenía un *piccolo*, es decir, un tocadiscos. Me sentía lleno de buenos sentimientos y muy expansivo, quería llamar a gente a la que no había visto hacía meses e incluso años, gente a la que no caía bien y que no me caía bien. Nuestros esfuerzos por encontrar al ideal dueño de un *piccolo* que quisiera ser nuestro anfitrión resultaron infructuosos. En algún punto de nuestra búsqueda se nos unió Peter, y, finalmente, decidimos volver al apartamento de la calle Henry, donde, por lo menos, había una radio.

Peter y Mary y yo nos pasamos las siguientes treinta horas en el apartamento. De vez en cuando hacíamos café y tragábamos más bencedrina. Mary nos explicó las diferentes técnicas que usaba para sacarles dinero a sus clientes habituales, a los que llamaba mirlos blancos, los cuales a veces la invitaban a cenar o le hacían regalos, y eran su principal fuente de ingresos.

–A los mirlos blancos siempre conviene levantarles la moral. Por muy pequeña que la tengan, hay que decirles: «¡Cuidado! ¡Me vas a hacer daño!» Un mirlo blanco es muy diferente de un paravolante, de un cabrito. Cuando follas con un cabrito debes vigilar que no te pases y le des más que lo que se merece por lo que ha pagado. De un cabrito hay que sacar lo que se pueda, y punto. Pero un mirlo blanco es diferente. Le tienes que dejar contento, para que no se arrepienta de lo que ha pagado. Cuando follas con él procuras que disfrute y tú también te lo pasas bien.

»Si quieres hundir a un tío, basta con encender un pitillo en mitad del polvo. La verdad es que los hombres no me gustan sexualmente. Lo que me vuelve loca son las tías. Me encanta follar con una mujer orgullosa y bajarle los humos, hacerle ver que no es más que un animal. Una mujer no vuelve a ser hermosa después que le han bajado los humos. ¡Joder, es como si estuviéramos hablando junto a una chimenea! –dijo señalando la radio, que era la única luz encendida en la habitación. Su cara se contrajo con una expresión de rabia simiesca cuando habló de los tíos que la abordaban por la calle–. ¡Hijos de puta! –gruñó–. No saben ver si una busca clientes o no. A veces llevaba puños de metal debajo de los guantes por si se me acercaba alguno de esos palurdos.

Un día Herman me habló de un kilo de hierba de primera calidad de Nueva Orleans, que podía conseguir por setenta dólares. Trapichear con hierba parece fácil sobre el papel, igual que poner una granja de chinchillas, o de ranas. A setenta y cinco centavos el canuto, y calculando que de un kilo salen casi dos mil quinientos canutos, el negocio parecía redondo. Me convenció y compré la hierba.

Herman y yo nos asociamos para colocarla. Él conocía a una lesbiana llamada Marian que vivía en el Village y decía que era poetisa. Guardamos la hierba en su apartamento, a cambio de que le dejásemos fumar lo que quisiera y le diéramos el cincuenta por ciento de comisión en lo que vendiera. Conocía a muchos que fumaban. Otra lesbiana se instaló con ella, y siempre que iba al apartamento de Marian me encontraba con aquella enorme pelirroja llamada Lizzie, que me miraba con sus ojos de pez llenos de estúpido odio.

Un día, la pelirroja Lizzie abrió la puerta y nos impidió el paso. Estaba muy pálida y tenía la cara hinchada debido al nembutal. Me tiró el paquete de hierba al tiempo que decía:

–Cogedlo y lleváoslo. –Nos miró con los ojos entrecerrados y añadió–: ¡Cabrones!

–Dile a Marian que gracias por todo –dije.

Cerró la puerta de un portazo. El ruido debió de despertarla. La abrió de nuevo y empezó a gritar con una rabia histérica. Desde la calle todavía podíamos oírla.

Herman contactó a otros fumetas. Pero todos nos ponían los nervios de punta. En la práctica, traficar con hierba sólo trae quebraderos de cabeza. Para empezar, ocupa mucho sitio. Se necesita una maleta llena para conseguir algo de dinero. Si la pasma llama a la puerta, es lo mismo que tener una bala de alfalfa.

Los fumetas no son como los yonquis. Un yonqui suelta el dinero, coge la droga y se las pira. Pero los fumetas no. Esperan que el camello los invite a unos canutos y a sentarse para charlar un rato. Y tienes que aguantar todo eso para vender dos dólares. Si vas directamente al grano, dicen que los deprimes porque haces que se sientan miserables. De hecho, un tipo que trapichea con hierba nunca debe reconocer que lo hace por negocio. No, él sólo facilita un poco de hierba a algunos amigos y amigas, una travesura. Todo el mundo sabe que es un camello, pero está mal decirlo. Dios sabe por qué. A mi juicio, los fumetas son inescrutables.

Hay muchos secretos comerciales en el negocio de la hierba, y los fumetas guardan esos supuestos secretos con una tozudez estúpida. Por ejemplo, la hierba tiene que estar curada, porque, si está verde, raspa la garganta. Pero pregúntale a un fumeta cómo hay que curarla, y te dará una respuesta ambigua poniendo cara de tonto. Quizá el uso continuado de la hierba afecte al cerebro, o tal vez los fumetas sean estúpidos por naturaleza.

La hierba que tenía estaba verde, así que la puse en una de esas marmitas dobles para cocer al vapor y la tuve en el horno hasta que cogió ese color pardusco que se supone que debe tener. Éste es el secreto de curar la hierba, o, al menos, uno de los modos de hacerlo.

Los fumetas son gregarios, sensibles y paranoicos. Si consideran que haces que se sientan miserables, no lograrás hacer negocios con ellos. Pronto me di cuenta de que no podía tratar con gente así y me alegré de encontrar a un tipo que me compró toda la hierba que me quedaba a precio de coste. A partir de entonces decidí no traficar nunca más con ella.

En 1937 la hierba fue prohibida, junto con otros narcóticos, por la Ley Harrison. Las autoridades sanitarias afirman que es una droga adictiva, que su uso es perjudicial para mente y cuerpo, y que induce a cometer delitos a quien la usa. Éstos son los hechos:

la hierba no es adictiva, en absoluto. Uno puede fumar hierba durante años y no experimentará ninguna molestia si de pronto deja de hacerlo. He conocido a fumetas en la cárcel y ninguno de ellos mostraba síntomas de síndrome de abstinencia. Yo he fumado hierba de modo intermitente durante quince años y nunca sentí molestias cuando dejaba de hacerlo una temporada. La hierba es menos adictiva que el tabaco. La hierba no daña la salud. De hecho, muchos de los que la fuman aseguran que aumenta el apetito y tonifica el organismo. No conozco ningún otro producto similar que incremente el apetito. Después de fumarme un canuto disfruto bebiéndome una copa de jerez de California y engullendo una copiosa comida casera.

En cierta ocasión dejé la droga y me pasé a la hierba. Al segundo día de dejar de pincharme comí con buen apetito. Por lo general, después de dejar de pincharme no tengo ganas de comer durante unos ocho días.

La hierba no empuja a nadie a cometer delitos. Jamás he visto que nadie se pusiera agresivo bajo la influencia de la hierba. Los fumetas son muy sociables. Demasiado, para mi gusto. No puedo entender por qué la gente que asegura que la hierba induce al delito no exige que se prohíba también el alcohol. Todos los días se cometen delitos por borrachos que jamás habrían obrado así estando sobrios.

Se ha hablado mucho de los efectos afrodisíacos de la hierba. No sé por qué, los científicos se resisten a admitir que sea afrodisíaca, y muchos farmacólogos dicen que «no hay pruebas en favor de la creencia popular de que la hierba posee propiedades afrodisíacas». Yo puedo asegurar que la hierba es un afrodisíaco y que el placer sexual es mucho más intenso bajo su influencia. Cualquiera que haya fumado buena hierba verificará esta afirmación.

Se oye decir que la gente se vuelve loca por fumar hierba. Hay, es cierto, una forma de locura causada por su uso excesivo. Este estado se caracteriza por hipersusceptibilidad y manía persecutoria. La hierba que se puede obtener en los Estados Unidos no es lo bastante fuerte para enloquecer a nadie, y las psicosis inducidas por hierba son muy raras en este país. En Oriente Medio, según dicen, es algo común. La psicosis inducida por hierba se corresponde, más o menos, con el delírium trémens, y desaparece en cuanto se deja de usar. Quien fume unos cuantos canutos al día no tiene más posibilidades de volverse loco que quien tome unos cuantos cócteles antes de las comidas de contraer la tuberculosis.

Algo más acerca de la hierba: bajo su influencia nadie está capacitado para conducir. Altera el sentido del tiempo y, en consecuencia, el sentido de las relaciones espaciales. Una vez, en Nueva Orleans, tuve que aparcar en la cuneta y esperar hasta que se disiparon sus efectos. Era incapaz de determinar a qué distancia estaban los objetos o cuándo debía girar o frenar en un cruce.

Ya me pinchaba todos los días. Herman se había trasladado a mi apartamento de la calle Henry, puesto que nadie pagaba el alquiler del que había compartido con Jack y Mary. Jack fue atrapado mientras robaba una caja de caudales, y estaba en la cárcel del Bronx en espera de juicio. Mary se había largado a Florida con un mirlo blanco. A Herman ni se le pasó por la cabeza la idea de pagar el alquiler. Había vivido toda su vida en apartamentos de otras personas.

Roy había decidido concederse un largo permiso en tierra. Había encontrado a un médico en Brooklyn que era lo bastante atrevido para extenderle recetas. Había días en que le extendía tres, y con prescripciones de hasta treinta tabletas. A veces decía que tenía miedo, pero una buena propina siempre lo disipaba.

Los médicos tienen diversas actitudes a la hora de recetar. Unos sólo lo hacen si están convencidos de que eres un adicto, otros sólo si están convencidos de que no lo eres. La mayoría de los adictos cuentan historias gastadas por años de uso. Muchos hablan de piedras en la vesícula o el riñón. Ésta es la historia que se cuenta con mayor frecuencia, y hay médicos que se levantan y le enseñan la puerta al paciente en cuanto les habla de cálculos en la vesícula. Solía obtener mis mejores resultados con la neuralgia facial, porque me había aprendido los síntomas de memoria. Roy tenía en el estómago una cicatriz de una operación, y la utilizaba para apoyar su historia de cálculos en la vesícula.

Había un médico viejo que vivía en una casa victoriana de ladrillo por las calles Setenta Oeste. Con él bastaba presentar un aspecto respetable. Si uno conseguía entrar en su consulta, la cosa estaba hecha, pero sólo extendía tres recetas por paciente. Otro médico siempre estaba borracho y había que cogerlo en el momento justo. A veces extendía la receta mal y había que volver para que la corrigiera. Entonces, podía decir que la receta era falsa y echarte de su casa. Había un médico senil al que era necesario ayudarle a escribir la receta. Se olvidaba de lo que estaba haciendo, dejaba la pluma a un lado y se ponía a recordar a los importantísimos pacientes que había tenido. En especial, le gustaba hablar de un hombre, un tal general Gore, que en una ocasión le había dicho:

—Doctor, he estado en la Clínica Mayo, y puedo asegurar que usted sabe más medicina que toda la clínica junta.

Era imposible pararlo, y el adicto se veía obligado a escuchar pacientemente. Muchas veces, la mujer del médico aparecía en el último momento y rompía la receta, o se negaba a confirmarla cuando llamaban de la farmacia.

Por lo general, los médicos ancianos extienden recetas con mayor facilidad que los jóvenes. Los refugiados extranjeros constituían un buen terreno, pero los adictos enseguida los quemaban. En ocasiones, un médico montaba en cólera ante la simple mención de estupefacientes y amenazaba con llamar a la policía.

Los médicos están tan imbuidos de ideas exageradas acerca de su posición, que, por lo general, un planteamiento directo es lo peor que se te puede ocurrir. Aunque no se crean la historia que les largas, quieren escucharla. Es algo semejante a esos rituales con que guardan las apariencias los pueblos orientales. Un hombre interpreta el papel de médico fiel al juramento hipocrático que no extendería una receta que violara sus principios éticos ni siquiera por mil dólares, el otro se esfuerza por parecer un enfermo auténtico. Si dices: «Mire, doctor, quiero una receta de estupefacientes y estoy dispuesto a pagarle por ella el doble de lo normal», el matasanos monta en cólera y te echa de su consulta. Es necesario saber comportarse con los médicos o no se va a ninguna parte.

Roy se picaba tanto, que Herman y yo teníamos que pincharnos más de lo que necesitábamos para mantenernos a su altura y para que no tocase nuestro material. Empecé a inyectarme directamente en la vena para ahorrar material y porque el efecto era más rápido y mejor. Empezamos a tener problemas con las recetas.

Muchas farmacias sólo nos las despachaban una o dos veces, y algunas se negaban a hacerlo. Había una que nos las despachaba todas, y por eso íbamos siempre allí, pero Roy dijo que debíamos diversificar nuestros lugares de compra para que los inspectores de sanidad no nos descubrieran. Sin embargo, andar de farmacia en farmacia era molesto y terminábamos por acudir siempre al mismo sitio. Me acostumbré a esconder mi material cuidadosamente para que Roy y Herman no lo encontrasen y me lo quitaran.

Que a un yonqui le quiten parte de la droga que tiene escondida es muy frecuente. Resulta difícil protegerse contra esta forma de robo, porque los yonquis saben dónde buscar la mercancía. Hay algunos que siempre llevan la droga encima, pero quien haga eso se expone a una acusación de posesión si lo detiene la policía.

Cuando empecé a pincharme diariamente, e incluso varias veces al día, dejé de beber y de salir por las noches. Cuando se consume droga, no se bebe. Al parecer, un cuerpo que tiene una determinada cantidad de droga en sus células no absorbe el alcohol. La bebida se queda en el estómago, poco a poco provoca náuseas, incomodidad y vértigo, y no te colocas. Consumir droga probablemente sería una buena cura para el alcoholismo. También dejé de lavarme. Cuando se consume droga, la sensación del agua en la piel resulta desagradable, no sé por qué razón, así que los yonquis no suelen bañarse.

Se han escrito muchas tonterías sobre los cambios que experimenta una persona cuando se convierte en yonqui. De pronto, el adicto se mira en el espejo y no se reconoce. No le es fácil dilucidar los cambios que ha experimentado, porque el espejo no los especifica. Es decir, el yonqui adquiere una especie de ceguera a medida que progresa en su adicción. Por lo general, no se da cuenta de que está enganchado. Dice que nadie se convierte en yonqui si tiene cuidado y observa unas cuantas reglas, como, por ejemplo, pincharse un día sí y otro no. De pronto, deja de observar esas reglas, pero cada pinchazo extra lo considera excepcional. He hablado con muchos yonquis, y todos coinciden en que se sorprendieron cuando descubrieron que tenían el primer cuelgue. Muchos de ellos atribuyen sus síntomas a cualquier otra causa.

Cuando una persona se engancha, todo lo demás carece de importancia. La vida queda enfocada hacia la droga, un pico y a esperar el siguiente, todo está lleno de «material» y «recetas», «agujas» y «cuentagotas». A veces el adicto cree que lleva una vida normal y que la droga es algo accidental. No se da cuenta de que las actividades que no tienen que ver con la droga las realiza como un autómata. Hasta que su fuente de suministro no se corta, no se da cuenta de lo que la droga significa para él.

«¿Por qué *necesita* tomar estupefacientes, señor Lee?» es una pregunta que suelen hacer los psiquiatras estúpidos. «Necesito droga para levantarme de la cama por la mañana, para afeitarme y para desayunar. La necesito para seguir vivo» es la respuesta.

Es cierto que, por lo general, los yonquis no mueren por falta de droga. Pero, en un sentido muy literal, descolgarse implica la muerte de las células que dependen de la droga, que son reemplazadas por otras que no la necesitan.

Roy y su mujer se trasladaron al edificio de apartamentos en que vivía yo. Todos los días nos reuníamos en mi casa después del desayuno para planear nuestro diario programa de droga. Uno de nosotros tenía que entendérselas con un matasanos. Roy siempre intentaba que fuera otro el que se ocupara del asunto.

–Esta vez no puedo ir. He reñido con él. Pero te explicaré lo que tienes que decirle. –O trataba de que Herman o yo fuéramos a probar con un médico nuevo–: No puede fallar. Insiste aunque te diga que no. Estoy seguro de que es de los que extienden recetas. Yo no puedo ir.

Uno de sus matasanos seguros hizo ademán de coger el teléfono para denunciarme. Se lo conté a Roy y dijo:

–Seguramente, está quemado. Alguien le jugó una mala pasada hace unos días.

Después de eso no volví a arriesgarme con médicos desconocidos. Pero nuestro tipo de Brooklyn se hacía el remolón.

Todos los médicos terminan por cortar antes o después. Un día, cuando Roy fue por su receta, el médico le dijo:

–Ésta es la última que le doy, y lo mejor que pueden hacer usted y sus amigos es esfumarse. El inspector vino a visitarme ayer. Tiene todas las recetas que les he extendido. Me dijo que perdería mi licencia si extendía una receta más, así que a ésta voy a ponerle fecha de anteayer. Dígale al de la farmacia que ayer se encontraba demasiado mal para ir a comprarla. Han dado ustedes direcciones falsas en algunas ocasiones, y eso es una violación del artículo 334 de la Ley de Salud Pública, así que no digan que no les he avisado. ¡Por el amor de Dios, no me denuncien si les interrogan! Eso significaría el final de mi carrera profesional. Sabe perfectamente que siempre me he portado bien con ustedes. Hace meses que pensaba cortar con todo esto, pero no quería dejarles en la estacada. Deme un respiro. Aquí tiene la receta y, por favor, no vuelva más.

Roy volvió al día siguiente. El cuñado del médico estaba allí para proteger el honor de la familia. Cogió a Roy por el cuello de la chaqueta y la parte de atrás del cinturón y lo puso de patitas en la calle.

–La próxima vez que me lo encuentre por aquí molestando al doctor, no podrá irse caminando por su propio pie –dijo.

Diez minutos después llegó Herman. El cuñado estaba dispuesto a darle el mismo tratamiento que a Roy, pero Herman sacó un vestido de seda de debajo de su chaqueta –según recuerdo, nos dieron un cargamento de vestidos robados a cambio de un poco de morfina– y, volviéndose hacia la mujer del médico, que había acudido atraída por el follón, dijo:

–Pensé que quizá le gustase este vestido.

De este modo tuvo oportunidad de hablar con el médico, que le extendió una última receta. Tardó tres días en conseguir que se la despacharan. En nuestra farmacia habitual dijeron que el inspector los había amenazado con empapelarlos y no querían exponerse a despachar más recetas.

–Lo mejor será que desaparezcáis –dijo el propietario–. Creo que el inspector tiene órdenes de detención contra vosotros.

Nuestro médico había cerrado el grifo. Tuvimos que peinar la ciudad. Recorrimos Brooklyn, el Bronx, Queens, Jersey City y Newark. No podíamos conseguir ni pantopon. Era como si los médicos estuvieran esperando que nos dejáramos caer por su consulta para decirnos:

–Definitivamente, no.

Parecía que todos los médicos de Nueva York y alrededores hubieran decidido de pronto no extender ninguna otra receta de estupefacientes. Se nos acababa la droga. En cuestión de horas nos encontraríamos sin nada que inyectarnos. Roy decidió tirar la toalla e ir a la isla de Riker para una «cura de treinta días».

No se trata de una cura progresiva de desintoxicación. No dan nada de droga, ni siquiera pastillas para dormir. Todo lo que hacen es mantener encerrados a los adictos durante treinta días. El sitio está siempre lleno.

Herman fue detenido en el Bronx mientras buscaba un médico que le extendiese una receta. No lo acusaron de nada concreto, simplemente, a dos agentes de paisano no les gustó su aspecto. Cuando lo llevaron a la comisaría, descubrieron que los de estupefacientes tenían una orden de detención contra él extendida por el inspector de sanidad del estado. La acusación concreta era haber falseado la dirección en una receta de estupefacientes. Un abogado de mala muerte me telefoneó para preguntarme si podía pagar la fianza de Herman. En vez de eso, le mandé dos dólares para cigarrillos. Si alguien va a acabar cumpliendo una condena, lo mejor es que empiece cuanto antes.

En ese momento me encontraba limpio de droga y con los últimos algodones hervidos ya dos veces. La droga se calienta en una cuchara y se introduce en el cuentagotas o jeringa a través de un trozo de algodón que sirve de filtro. Algo de la droga se queda en el algodón, y los adictos suelen conservarlos para las emergencias.

Conseguí una receta de codeína de un viejo médico después de largarle un rollo sobre migrañas y dolores de cabeza. La codeína es mejor que nada: aplicada sobre la piel, evita la aparición del síndrome de abstinencia. No sé por qué, es peligroso inyectársela en la vena.

Recuerdo una noche en que Herman y yo no teníamos nada, excepto sulfato de codeína. Herman lo calentó y se inyectó sesenta miligramos en la vena. Inmediatamente, se puso rojo, después muy pálido. Se sentó en la cama, exhausto.

–¡Dios mío! –dijo.

–¿Qué te pasa? –le pregunté–. Todo va bien, ¿no?

Me miró agriamente.

–¿Quieres saber si todo va bien? Pínchate y lo verás.

Calenté mi dosis y me preparé para inyectármela. Herman me observaba inquieto. Seguía sentado en la cama. En cuanto me saqué la aguja de la vena tuve una sensación desagradabilísima, totalmente diferente de la que se siente tras una buena dosis de morfina. Noté que se me hinchaba la cara. Me senté en la cama, al lado de Herman. Mis dedos se habían inflado y tenían un tamaño doble del normal.

—Bueno —dijo Herman—, ¿todo va bien?

—No —dije.

Tenía los labios entumecidos como si me hubieran pegado un puñetazo en la boca. Y un dolor de cabeza terrible. Empecé a pasear inquieto arriba y abajo por la habitación. Se me ocurrió que, si hacía que circulara la sangre, eliminaría la codeína.

Una hora después me sentí un poco mejor y me acosté. Herman me habló de un amigo suyo que se había desmayado y puesto azul tras una inyección de codeína:

—Le di una ducha de agua fría y se recuperó —dijo.

—¿Por qué no me lo dijiste antes? —pregunté.

Herman tenía súbitos e imprevisibles arrebatos de irritación. Las causas de sus enfados, por lo general, eran inescrutables.

—Bien —comenzó—. Uno se arriesga a algo cuando se droga. Además, sólo porque una persona tenga una determinada reacción, no se puede deducir que a los demás les va a suceder lo mismo. Parecías estar seguro de que todo iba a ir bien, y no quería molestarte con historias.

El día que me enteré de que Herman había sido detenido, imaginé que yo sería el siguiente, pero estaba en pleno síndrome de abstinencia y carecía de energías para dejar la ciudad.

Fui detenido en mi apartamento por dos policías de paisano y un agente federal. El inspector de sanidad del estado había presentado una denuncia contra mí, acusándome de haber violado el artículo 334 de la Ley de Salud Pública por dar un nombre falso al retirar una receta de estupefacientes. Los dos policías de paisano representaban los papeles de simpático y duro, como de costumbre. El simpático me preguntó:

—¿Cuánto tiempo llevas drogándote, Bill? Sabes perfectamente que debiste dar tu verdadero nombre en la farmacia.

El duro lo interrumpió con gesto hosco:

—¡Venga, venga, que no somos hermanas de la caridad!

Pero mi caso no les interesaba demasiado, y no necesitaban que hiciera una declaración en toda regla. Mientras me conducían a la comisaría, el agente federal me hizo algunas preguntas y rellenó una especie de formulario. Me trasladaron después a la cárcel de Tombs y fui fotografiado y fichado. Mientras esperaba a que me llevaran ante el juez, el policía simpático me dio un cigarrillo y se puso a hablarme de los inconvenientes de la droga.

–Aunque pudieras aguantarla treinta años, no harías más que engañarte. Es lo que les pasa a los pervertidos sexuales –le brillaban los ojos–, que, según los médicos, no son capaces de dominarse.

El juez me puso una fianza de mil dólares. Me llevaron de nuevo a la cárcel de Tombs y se me ordenó que me desvistiera y me duchara. Un guardia apático examinó mi ropa. Me vestí, subimos en un ascensor y me asignaron una celda. A las cuatro de la tarde las celdas se cerraban. Las puertas corrían automáticamente haciendo un ruido tremendo que levantaba ecos en las galerías.

Se acababan los efectos de la codeína. La nariz me goteaba y tenía los ojos llenos de lágrimas; sudaba por todos los poros. Oleadas de frío y de calor me azotaban como si la puerta de un horno se abriera y se cerrara continuamente. Permanecí tumbado en la colchoneta, demasiado débil para moverme. Las piernas me dolían y se contraían espasmódicamente; cualquier posición que adoptaba me resultaba intolerable, y me revolvía envuelto en mis ropas empapadas de sudor.

La voz de un negro cantaba:

–Levántate, mujer, levántate, levanta tu gordo culo, no duermas más.

Otra voz decía:

–¡Cuarenta años! ¡No puedo pasarme cuarenta años en la trena!

Hacia medianoche, mi mujer pagó la fianza y me dio unas anfetas nada más salir a la calle. Siempre ayudan un poco.

Al día siguiente estaba peor y no podía levantarme de la cama. Así que me quedé en ella todo el día y tomé nembutal a intervalos regulares.

Por la noche, me tomaba dos tiras de bencedrina, iba a un bar y me sentaba cerca de la gramola. Cuando se tiene el síndrome de abstinencia, la música suele ayudar bastante. En cierta ocasión, en

Texas, me desenganché de la heroína con ayuda de hierba, elixir paregórico* y unos cuantos discos de Louis Armstrong.

Casi peor que el síndrome de abstinencia es la depresión que lo acompaña. Una tarde cerré los ojos y vi Nueva York en ruinas. Ciempiés y escorpiones enormes se deslizaban por los vacíos bares, cafeterías y farmacias de la calle 42. Entre los adoquines crecía la hierba. No se veía a nadie.

A los cinco días empecé a sentirme un poco mejor. A los ocho días, pasados sin probar bocado, me entró un tremendo apetito, como es habitual, por los dulces y los macarrones. Diez días después, el síndrome de abstinencia había desaparecido. Mi juicio había sido aplazado.

Roy volvió de su cura de treinta días en la isla de Riker y me presentó a un traficante que vendía heroína mexicana en la calle 103 esquina con Broadway. Durante los primeros años de la guerra las importaciones de heroína estaban virtualmente suspendidas, y la única droga que se podía conseguir era la morfina de las recetas. Sin embargo, las líneas de comunicación se restablecieron y la heroína comenzó a llegar de México, donde había campos de adormidera cultivados por chinos. La heroína mexicana era de color pardusco, pues contenía algo de opio en bruto.

El cruce de la calle 103 y Broadway es como cualquier otro de esa zona. Una cafetería, un cine, tiendas. En mitad de Broadway hay un jardincillo con algo de césped y bancos. En la calle 103 hay una parada de metro, así como altos bloques de pisos. Se trata de un territorio de droga. La droga acecha en la cafetería, da la vuelta a la manzana y a veces cruza hasta el centro de Broadway para descansar en uno de los bancos del jardincillo. Es un fantasma que se pasea a pleno día por una zona concurridísima.

Siempre se podía encontrar a unos cuantos yonquis sentados en la cafetería o rondando por sus alrededores; llevaban el cuello de la chaqueta subido, escupían en el suelo y miraban inquietos a

---

* Solución muy débil de extracto de opio diluido en ácido benzoico, anís estrellado y alcanfor, utilizada como calmante. Por ser de venta libre en algunos estados, los toxicómanos se lo inyectaban para combatir el síndrome de abstinencia, después de calentarlo para eliminar las materias volátiles y filtrarlo para separar el alcanfor. (N. de los T.)

44

su alrededor a la espera del camello. En verano solían sentarse en los bancos, y parecían buitres con sus trajes oscuros.

El camello tenía cara de adolescente. No representaba más de treinta años, aunque, de hecho, tenía cincuenta y cinco. Era un hombre bajo, siniestro, de cara delgada y aspecto de irlandés. Cuando se dignaba aparecer –y, como muchos yonquis veteranos, nunca era puntual–, se sentaba en una mesa de la cafetería. Le dabas el dinero y tres minutos más tarde te reunías con él en una esquina donde te entregaba la droga. Jamás la llevaba encima, pero era evidente que la tenía escondida en algún sitio cercano.

Ese hombre era conocido por el Irlandés. Había trabajado para Dutch Schultz, pero los gángsters no quieren yonquis en sus bandas, porque los consideran poco de fiar, así que al enterarse lo despidieron con viento fresco. Por aquel entonces traficaba de vez en cuando y desvalijaba a borrachos que dormían la mona en el metro o en coches cuando no tenía nada que vender. Una noche, el Irlandés fue cazado en el metro cuando afanaba una cartera. Se ahorcó en su calabozo de Tombs.

El trabajo de camello era una especie de servicio público que iba rotando de uno a otro miembro del grupo. La duración de tal servicio solía ser de unos tres meses. Todo el mundo estaba de acuerdo en que se trataba de un trabajo ingrato. Como decía George el Griego:

–Siempre se termina en la cárcel y sin blanca. Todo el mundo te llama cabrón si no le fías; y si lo haces, te estafan.

George era incapaz de dejar en la estacada a alguien que tuviera el síndrome de abstinencia. La gente solía explotar su amabilidad, y con el dinero que le quedaba a deber pagaba al contado a cualquier otro traficante. George se pasó tres años en el talego y cuando salió se negó a volver a traficar.

Los yonquis modernos, los *hipsters* esos del bebop, jamás aparecían por la calle 103. Los tipos de la calle 103 eran todos veteranos: caras delgadas y pálidas; bocas contraídas y amargas, dedos rígidos, gestos estilizados. (Hay un gesto que delata al yonqui, igual que el movimiento de aleteo de las manos descubre al marica: al levantar el antebrazo extiende la mano con los dedos rígidos y la palma hacia arriba.) Eran de diversas nacionalidades y distinto aspecto físico, pero todos tenían algo en común: recordaban la droga. Figuraban entre ellos el Irlandés, George el Griego, Rosa Pantopón, Louie el Botones, Eric el Maricón, el Sabueso, el Marinero y Joe el Mexicano. Algunos han muerto, y otros están en la trena.

Ya no hay yonquis en el cruce de la calle 103 con Broadway esperando a su camello. Los traficantes se han largado a otra parte. Pero la sensación de que es territorio de droga sigue ahí. Te azota el rostro al doblar la esquina, te sigue cuando avanzas por la acera y, de pronto, desaparece, igual que un mendigo cansado de pedir en vano, mientras te alejas.

Joe el Mexicano tenía una cara delgada con la nariz larga y puntiaguda y la boca desdentada. Su cara tenía arrugas y cicatrices, pero no era viejo. A aquella cara le habían pasado muchas cosas, pero a Joe no le habían afectado. Sus ojos eran brillantes y jóvenes. Exhalaba amabilidad, como les ocurre a muchos yonquis veteranos. Su presencia se detectaba a varias manzanas de distancia. Destacaba en medio de la multitud anónima de la ciudad de un modo claro y nítido; era como si lo estuvieras mirando con unos prismáticos. Era un gran mentiroso y, como muchos mentirosos, modificaba continuamente sus historias, cambiando tiempo y personas de un relato a otro. Un día podía contarte algo de un amigo suyo y al día siguiente repetía la misma historia como le hubiera pasado a él. Solía sentarse en la cafetería, ante un café y una pasta, y peroraba acerca de sus experiencias.

—Sabíamos que un chino tenía algo de material escondido y queríamos que nos dijera dónde estaba. Lo atamos a una silla. Encendí unas cuantas cerillas —hizo ademán de encender una cerilla— y se las acerqué a las plantas de los pies. No quería hablar. Me dio pena. Entonces mi compinche le pegó en los morros con la pistola y la sangre le corrió por la cara. —Se puso las manos sobre la cara y las deslizó hacia abajo para indicar el fluir de la sangre—. Cuando lo vi, me sentí mal y dije: «Larguémonos de aquí, dejemos a este tipo en paz. No nos va a decir nada.»

Louie había sido mechero, pero su sangre fría, si es que alguna vez la tuvo, para entonces se había esfumado. Llevaba abrigos largos, negros y gastados que le daban el aspecto de un buitre huidizo. Saltaba a la vista que era yonqui y ladrón. Las pasaba moradas. Oí que en cierta ocasión había sido soplón de la policía, pero cuando lo conocí todos lo consideraban legal. A George el Griego no le caía bien y decía que no era más que un vago.

–No le invites nunca a que vaya a tu casa. Se aprovechará de ti. Es capaz de picarse delante de tu familia. No tiene clase –me dijo en cierta ocasión.

George el Griego era considerado el árbitro del grupo. Decidía quién era legal y quién no. Se enorgullecía de su integridad:

–Jamás he estafado a nadie.

Había estado ya tres veces en la cárcel. La próxima condena sería a cadena perpetua, por reincidente. Su vida estaba muy limitada por la necesidad de no comprometerse en nada peligroso. Nada de traficar, nada de robar; de vez en cuando trabajaba en los muelles. Estaba acorralado, y nunca levantaría cabeza; sólo podía hundirse más y más. Cuando no podía conseguir droga –lo que ocurría la mitad de las veces–, se emborrachaba o tomaba anfetas.

Tenía dos hijos adolescentes que le causaban muchos problemas. Como en aquella época de escasez casi siempre tenía un síndrome de abstinencia más o menos acentuado, no podía con ellos. Su rostro mostraba las huellas de una lucha constante de la que siempre salía derrotado. La última vez que estuve en Nueva York no pude encontrarlo. La gente de la calle 103 se había desperdigado, y las personas con las que hablé ignoraban qué había sido de él.

Fritz el Portero era un hombre pálido y delgado que daba la impresión de estar tullido. Estaba en libertad condicional tras cumplir cinco años por haberle vendido droga a un soplón. Éste necesitaba urgentemente delatar a alguien, y entre él y un policía ansioso de méritos convirtieron a Fritz en un gran traficante e hicieron un arresto sonado. En el fondo, estaba orgulloso de haber sido objeto de tanta atención, y explicaba complacido sus experiencias durante aquellos cinco años pasados en Lexington.

El Maricón era un ladrón de borrachos brillante y afortunado. Sus botines eran fabulosos. Era siempre el que llegaba primero junto al borracho, nunca el último, el que se encuentra con que la víctima ya tiene los bolsillos vueltos del revés. Un borracho dormido atrae a un grupo de depredadores muy jerarquizado. En primer lugar llegan los grandes especialistas, como el Maricón, guiados por un instinto innato. Sólo quieren dinero, anillos y relojes buenos. Luego acuden los chorizos vulgares, que se llevan todo lo que pueden: el sombrero, los zapatos, el cinturón. Por último, la hez de la profesión, si puede, le quita al borracho el abrigo o la chaqueta.

El Maricón siempre se las arreglaba para llegar el primero cuando había un buen botín. En cierta ocasión consiguió mil dólares en la estación de la calle 103. En varias ocasiones había conseguido botines de cientos de dólares. Si el tipo al que robaba se daba cuenta, le metía mano, para que pareciera que sus intenciones eran sexuales. A eso se debía su mote.

Siempre iba bien vestido, por lo general con una chaqueta deportiva de tweed y unos pantalones de franela. Unas maneras pretendidamente europeas y un ligero acento escandinavo completaban su aspecto. Nadie hubiera dicho que era especialista en robar a borrachos en el metro. Trabajaba siempre solo. Tenía buena suerte, y no quería que se le acabara trabajando acompañado. A veces, el contacto con un tipo afortunado hace que cambie el sino de un hombre al que persigue la mala suerte, pero es mucho más corriente que ocurra lo contrario. Los yonquis son envidiosos, y la gente que pululaba por la calle 103 envidiaba al Maricón. Pero todos tenían que admitir que era un tío legal y siempre estaba dispuesto a dar una ayudita.

Las cápsulas de heroína costaban tres dólares cada una, y se necesitan tres al día para ir tirando. Me encontraba sin dinero, así que empecé a robar a borrachos en el metro, acompañado por Roy. Recorríamos la línea, uno a cada lado del vagón, hasta que uno de los dos descubría a un primo dormido en un banco del andén. Bajábamos. Me ponía delante de él con un periódico abierto y cubría a Roy mientras rebuscaba en los bolsillos del tipo. Roy solía darme instrucciones entre dientes —«un poco hacia la izquierda», «más atrás», «ahí», «ahora estás demasiado lejos», «no te muevas»—. Muchas veces llegábamos tarde y el borracho ya tenía los bolsillos vueltos del revés.

También robábamos en los vagones. Me sentaba junto al tipo con mi periódico abierto y Roy le limpiaba los bolsillos por detrás de mí. Si el borracho se despertaba, veía que mis manos estaban en el diario. Sacábamos una media de diez dólares por noche.

Una noche normal se desarrollaba más o menos así: empezamos a trabajar hacia las once y en la estación de Times Square cogimos un convoy de la línea IRT, que va a la parte alta de la ciudad. En la estación de la calle 149 localicé a un primo y nos apeamos. Esa estación tiene varios niveles y resulta peligrosa para los que se dedican a robar a los borrachos porque hay muchos sitios donde puede esconderse un policía y es imposible cubrir todos los ángulos. En el nivel inferior, la única salida posible es el ascensor.

Nos acercamos al tipo haciendo como si no lo viéramos. Era de mediana edad, se apoyaba contra la pared y respiraba pesadamente. Roy se sentó a su lado y yo me puse delante con un periódico abierto. Roy me guiaba:

—Un poco hacia la derecha. Espera un poco. Ahí. Vale.

De pronto, la pesada respiración se detuvo. Recordé esa escena de las películas en que la respiración se detiene durante una operación. Pude sentir la tensa inmovilidad de Roy detrás de mí. El borracho masculló algo y cambió de postura. Lentamente, la pesada respiración se reanudó. Roy se levantó. Hizo un gesto afirmativo y caminó rápidamente hacia el otro extremo del andén. Sacó un puñado de billetes del bolsillo y contó hasta ocho dólares. Me dio cuatro y dijo:

—Esto era lo que tenía en el bolsillo del pantalón. No pude dar con la cartera. Por un instante pensé que iba a echarse sobre nosotros.

Volvimos a subir al metro, esta vez hacia el centro de la ciudad. En la estación de la calle 116 localizamos a otro borracho y nos bajamos, pero el tipo se levantó y salió a la calle antes de que consiguiéramos acercarnos a él. Un tipo andrajoso, con una boca enorme, se acercó a Roy y se puso a hablarle. Era otro ladrón de borrachos.

—El Maricón ha vuelto a dar un buen golpe —dijo—. Dos de los grandes y un reloj de pulsera en la calle 96. —Roy murmuró algo y miró su periódico. El tipo siguió hablando en voz alta—. Hace poco uno se volvió y me dijo: «¿Qué haces con la mano en mi bolsillo?»

—¡Por el amor de Dios, no digas esas cosas! —dijo Roy, y se alejó de él—. ¡Hijo de puta! —murmuró—. Casi no quedan verdaderos ladrones de borrachos. Sólo el Maricón, el Sabueso y ese desgraciado. Todos envidian al Maricón porque da buenos golpes. Si el primo se da cuenta, hace como si fuese un maricón que tratase de meterle mano. Esos mierdicas de la calle 103 se meten con él y lo llaman «jodido maricón» porque envidian sus golpes, pero es tan maricón como yo. –Roy hizo una pausa, como si reflexionara–. Bueno, quizá sea menos maricón que yo.

Seguimos hasta el final de la línea, en Brooklyn, sin localizar a nadie más. En el viaje de vuelta había un borracho dormido en uno de los vagones. Me senté a su lado y abrí el periódico. Sentí el brazo de Roy por detrás de mi espalda. El borracho se despertó y me miró inquieto, pero mis manos eran perfectamente visibles sobre el periódico. Roy fingió leerlo por encima de mi hombro. El borracho volvió a dormirse.

–Será mejor que nos larguemos –dijo Roy–. Salgamos un rato a la calle.

Tomamos un café en un bar de la calle 34 y nos repartimos el reciente botín: tres dólares.

–Cuando te trabajas a un tipo en el metro –me explicaba Roy–, es preciso seguir el ritmo del balanceo del vagón. Antes fui demasiado deprisa. Por eso se despertó. Sintió algo raro, aunque no supo qué.

En Times Square nos encontramos con Mike el del Metro. Hizo un gesto con la cabeza, pero no se detuvo. Siempre trabajaba solo.

–Vamos a coger el metro de Queens Plaza –dijo Roy–. Esa línea es de la Independent, y tiene guardias de seguridad, pero no llevan armas, sólo porras. Si te cogen, procura zafarte y corre.

Queens Plaza es otra estación peligrosa donde resulta imposible cubrir todos los ángulos. Hay que confiar en la suerte. Había un borracho dormido en un banco, pero no podíamos hacer nada porque pasaba demasiada gente por allí.

–Esperaremos un rato –dijo Roy–. Pero recuerda esto: nunca dejes pasar más de tres trenes. Si en ese tiempo no ves una oportunidad clara, lo mejor es que olvides el asunto, aunque parezca pan comido.

Dos jóvenes chorizos se apearon de un tren con un borracho al que llevaban cogido por los brazos. Se sentaron en un banco y nos miraron.

—Llevémosle al otro andén —dijo uno de los chavales.

—¿Por qué no lo desplumáis aquí mismo? —preguntó Roy.

Los jovenzuelos se hicieron los suecos.

—¿Desplumarlo, dice? No entiendo nada. ¿De qué va el marica ese, tú? —dijo uno de ellos. Se levantaron y se marcharon con el tipo al otro andén.

Roy se acercó al borracho que habíamos escogido como víctima y le sacó la cartera del bolsillo.

—No es momento para andarse por las ramas —dijo. La cartera estaba vacía. Roy la tiró en el banco.

—¡Saca las manos de sus bolsillos! —gritó uno de los jovenzuelos desde el otro lado de las vías. Luego los dos se echaron a reír.

—¡Chorizos de mierda! —exclamó Roy—. Si me encuentro con cualquiera de ellos en la línea del West Side, lo tiraré a la vía.

Uno de los chavales vino desde el otro andén y le pidió a Roy que le diera una parte.

—No lleva nada encima —dijo Roy.

—Hemos visto cómo le afanabas la cartera.

—Estaba vacía —dijo Roy.

Pasó un tren y nos subimos; el jovenzuelo dudaba todavía si ponerse duro o no.

—Esos críos creen que se trata de un juego —dijo Roy—. Ya aprenderán cuando se pasen una temporada en el talego... Me parece que tenemos una racha de mala suerte. La vida es así. Unas noches sacas mil dólares. Otras, nada.

Una noche cogimos el metro en Times Square. Un hombre muy bien vestido caminaba delante de nosotros con paso vacilante. Roy lo miró y dijo:

—Ahí tenemos un buen golpe. Sigámoslo.

El hombre subió en el tren que iba a Brooklyn. Esperamos de pie al otro extremo del vagón hasta que el tipo pareció dormido. Entonces nos acercamos, me senté a su lado y abrí el *New York Times*. Lo del *Times* era idea de Roy. Decía que con él parecía un hombre de negocios. El vagón iba casi vacío, así que resultaba un poco incongruente que estuviéramos pegados al tipo con siete metros de asientos vacíos disponibles. Roy comenzó a trabajárselo por detrás de mi espalda. El hombre se agitaba, y una vez se despertó y me miró con aire de beoda inquietud. Un negro que estaba sentado enfrente sonrió.

–Ese de ahí sabe de qué va la cosa. No hay que preocuparse –me dijo Roy al oído.

Roy tenía problemas para encontrar la cartera. La situación empezaba a ser peligrosa. Noté que el sudor me corría por los brazos.

–Dejémoslo –dije.

–No. Está sentado encima de su abrigo y no puedo encontrarle la cartera. Cuando te lo diga, empújalo, tiraré del abrigo... *¡Ahora...!* ¡Vaya por Dios! Un poco más fuerte...

–Dejémoslo –volví a decir. El miedo me hacía un nudo en el estómago–. ¡Va a despertarse!

–No. Vamos a intentarlo otra vez... *¡Ahora...!* ¿Qué coño pasa contigo? Sólo tienes que dejarte caer contra él –dijo Roy.

–Roy –dije–, dejemos esto. Va a despertarse.

Intenté levantarme, pero Roy no me dejó. De pronto, me dio un fuerte empujón y caí pesadamente contra el tipo.

–Ahora lo conseguí –dijo Roy.

–¿Tienes la cartera?

–No. He soltado el abrigo.

Habíamos salido del túnel y estábamos ya en el tramo elevado. Sentía náuseas de miedo, y todos los músculos de mi cuerpo estaban rígidos a causa del esfuerzo que hacía por dominarme. El hombre sólo estaba medio dormido. Estaba seguro de que en cualquier momento se pondría en pie de un salto y empezaría a gritar.

Por fin, oí a Roy que decía:

–Ya lo tengo.

–Entonces larguémonos.

–No, lo que tengo es un puñado de billetes. Tiene que haber una cartera por algún lado, y voy a encontrarla. Este tipo lleva cartera, seguro que sí.

–Ya no puedo más.

–No. Espera.

Notaba que seguía trabajándose al borracho por detrás de mi espalda, con tan poco disimulo, que me parecía increíble que el hombre pudiera seguir dormido.

Habíamos llegado al final de la línea. Roy se puso de pie y dijo:

—Cúbreme.

Extendí el periódico lo más que pude para ocultar sus maniobras a los demás pasajeros. Sólo quedaban tres, pero estaban situados en diferentes extremos del vagón. Roy seguía revolviendo los bolsillos del hombre sin el menor disimulo. Al fin dijo:

—Salgamos.

Salíamos al andén cuando el borracho se despertó y se llevó la mano al bolsillo. Nos siguió por el andén y se encaró con Roy.

—Muy bien, amigo —dijo—, devuélveme mi dinero.

Roy puso cara de sorpresa; levantó las manos, como si tratara de demostrarle que estaban vacías, y dijo:

—¿Qué dinero? ¿De qué me habla?

—Sabes cojonudamente bien de qué te hablo. Tenías la mano en mi bolsillo.

Roy hizo un gesto de sorpresa y dignidad ofendida.

—¿De qué habla usted, señor? No sé nada de su dinero.

—Te veo todas las noches en esta línea. Es tu recorrido habitual. —Se volvió hacia mí y dijo—: Y éste es tu compinche. Bien, ¿vas a devolverme ahora mismo mi dinero?

—Pero ¿de qué dinero habla?

—De acuerdo. Es tu palabra contra la mía. Cojamos el tren y volvamos al centro de la ciudad. Tal vez sea lo mejor —dijo el hombre; pero, de pronto, metió sus manos en los bolsillos de la chaqueta de Roy mientras gritaba—: ¡Hijo de puta de mierda! ¡Devuélveme mi dinero!

Roy le pegó en la cara y lo derribó.

—¿Qué te has creído? —exclamó Roy, que había perdido de repente su expresión conciliadora y sorprendida—. ¡Quítame las manos de encima!

El conductor, al ver que se había iniciado una pelea, no ponía el tren en marcha por si alguien caía a la vía.

—¡Larguémonos! —dije, y echamos a correr por el andén.

El hombre se puso en pie y nos persiguió. Alcanzó a Roy y lo agarró con determinación. No se podía soltar. Lo tenía inmovilizado.

—¡Quítame a este cabrón de encima! —gritó Roy.

Golpeé un par de veces al hombre en la cara y aflojó su presa y cayó de rodillas.

—¡Rómpele la cabeza! —chilló Roy. Le di una patada en un costado y noté que una costilla cedía. Se llevó la mano al costado.

—¡Socorro! —gritó. No intentó levantarse.

—¡Larguémonos! —dije. En el extremo más alejado del andén oí el silbato de un policía. El tipo seguía caído en el suelo agarrándose el costado y de vez en cuando gritaba pidiendo auxilio.

Llovía ligeramente. Cuando llegué a la calle resbalé y me tambaleé, a punto de caer sobre la acera mojada. Estábamos de pie junto a una gasolinera cerrada, y nos volvimos para mirar el elevado.

—¡Hay que largarse! —dije.

—Nos verán.

—No podemos quedarnos aquí.

Echamos a andar. Noté que tenía la boca completamente seca. Roy sacó un par de anfetaminas del bolsillo de la camisa.

—Tengo la boca demasiado seca —dije—, no puedo tragarlas.

Seguimos andando.

—Seguro que nos buscarán —dijo Roy—. Vigila si vienen coches. Si se acerca alguno, nos meteremos entre los arbustos. Estarán esperando que volvamos al metro, de modo que lo mejor será seguir caminando.

La lluvia no tenía trazas de parar. Nos ladraban perros a medida que andábamos.

—Recuerda lo que debes contar si nos cogen —dijo Roy—. Nos dormimos y despertamos al final de la línea. El tipo ese nos acusó de que le habíamos robado el dinero. Nos asustamos, así que lo golpeamos y corrimos. De todos modos, seguro que en comisaría nos atizan.

—Ahí viene un coche de la policía —dije.

Nos ocultamos entre unos arbustos de la cuneta y nos acurrucamos detrás de un cartel. El coche pasó lentamente por delante de nosotros. Cuando se alejó, volvimos a caminar. Empezaba a sentir los síntomas del síndrome de abstinencia, y no sabía si podría llegar a casa y a la morfina que tenía guardada allí.

—Cuando estemos más cerca, será mejor separarse —dijo Roy—. Aquí podemos ayudarnos. Si encontramos a un policía haciendo la ronda, le diremos que estábamos con unas chicas y que buscamos el metro. Esta lluvia es una suerte, porque los polis deben de estar a cubierto, tomando café en algún local abierto toda la noche. ¡Y haz el favor de no volver la cabeza de ese modo!

Había vuelto la cabeza hacia uno y otro lado para mirar por encima del hombro.

—Volver la cabeza para mirar a los lados es algo natural —dije.

—¡Sí, natural para los ladrones!

Por fin, llegamos a otra línea de metro y nos dirigimos a Manhattan.

—La verdad es que no me llegaba la camisa al cuerpo, y a ti tampoco, supongo. Por cierto, aquí tienes tu parte —dijo Roy al despedirnos, y me entregó tres dólares.

Al día siguiente le dije que no pensaba volver a robar a borrachos en el metro.

—No te lo reprocho —dijo—. Pero te equivocas. Si aguantaras el tiempo suficiente, harías buenos negocios.

Mi caso fue juzgado. Me condenaron a cuatro meses, pero me concedieron la libertad condicional. Después de renunciar a robar en el metro, decidí traficar con droga. No se gana mucho dinero con ello. Casi todos los camellos consiguen apenas lo suficiente para mantener su adicción. Pero, al menos, cuando traficas tienes una buena provisión de droga, y eso proporciona una sensación de seguridad. Por supuesto, hay gente que hace dinero traficando. Conocí a un irlandés que empezó colocando heroína por la calle y dos años después, cuando le cayeron encima tres años, tenía treinta mil dólares y un edificio de apartamentos en Brooklyn.

Si uno quiere traficar, lo primero que tiene que hacer es agenciarse un proveedor seguro. Carecía de proveedor, así que me asocié con Bill Gains, que tenía un contacto italiano bastante de fiar por la parte baja del East Side. Adquiríamos el material a tres dólares el gramo, lo cortábamos con lactosa y lo preparábamos en cápsulas de sesenta miligramos. Vendíamos las cápsulas a dos dólares cada una. Solían contener de un diez a un dieciséis por ciento de heroína, lo cual constituye un porcentaje bastante alto. Hubiéramos debido sacar dieciséis cápsulas de cada gramo de heroína antes de cortarla. Pero si el proveedor es italiano, es casi seguro que te escatimará en el peso. Por lo general, sacábamos doce cápsulas.

Bill Gains era de «buena familia» —me parece que su padre había sido presidente de un banco en algún lugar de Maryland— y tenía clase. Era especialista en robar abrigos en los restaurantes, un trabajo que le iba como anillo al dedo. El americano de la clase media alta es un conjunto de negaciones. Lo que lo define, por lo general, es lo que no es. Gains iba más allá de ser un conjunto de negaciones. Era decididamente invisible: una vaga presencia respetable. Hay cierta clase de fantasmas que sólo pueden materializarse con la ayuda de una sábana o de cualquier otra ropa que les proporcione unos contornos definidos. Gains era de esa clase. Se materializaba gracias al abrigo de otra persona.

Gains tenía una sonrisa maliciosa e infantil que contrastaba de modo chocante con sus ojos, que eran azul pálido, carecían de vida y parecían los de un anciano. Sonreía como si escuchara una voz procedente de lo más hondo de su ser que le dijera algo que lo complaciera mucho. A veces, después de un pico, sonreía y escuchaba su voz interior y decía distraídamente:

—Este material es fuerte.

Con idéntica sonrisa explicaba las desgracias de los demás:

—Herman era un hombre guapo cuando llegó a Nueva York. El problema es que dejó que su belleza se deteriorara.

Gains era uno de los escasos yonquis que sentía especial placer al ver que se convertía en adicto alguien que todavía no estaba colgado. Muchos traficantes se ponen contentos al conocer a un nuevo adicto, pero eso se debe a razones económicas. Si uno tiene un negocio, es natural que desee tener clientes. Pero a Gains le gustaba invitar a jóvenes a su habitación y ofrecerles un pinchazo, por lo general sacado de viejos algodones, y después observar sus efectos mientras sonreía levemente.

Por lo general, los chicos decían que estaba bien, y eso era todo. Otro rollo como el nembutal, o la bencedrina, o el alcohol, o la hierba. Pero siempre había unos cuantos que seguían rondando por allí hasta quedar colgados, y Gains miraba con agrado a esos nuevos conversos: era un sacerdote de la droga. Poco después, invariablemente le oías decir:

–La verdad, Fulanito debería comprender que no puedo mantener su cuelgue por más tiempo.

La relación amistosa quedaba rota. Había llegado el momento de que el chico pagase su culpa, y tendría que hacerlo durante el resto de sus días, esperando en las esquinas o en las cafeterías la llegada del camello, el mediador entre hombre y droga. Gains era un simple párroco en la jerarquía de la droga. Se refería a sus superiores con tono reverente y solemne:

–Los contactos dicen...

Casi todas sus venas habían desaparecido, se habían refugiado en las proximidades del hueso para escapar de la aguja. Durante algún tiempo se picaba en las arterias, que son más profundas que las venas y más difíciles de encontrar, y debido a ello tenía que utilizar unas agujas especiales muy largas. Solía rotar de las venas de sus brazos y manos a las de sus pies. Con el tiempo, las venas vuelven a aflorar, pero, aun así, la mitad de las veces se tenía que pinchar en la piel. Pero no se rendía y se chutaba en la piel hasta después de pasarse media hora de agonía hurgando y probando y limpiando la jeringuilla, que se obstruía por la sangre coagulada.

Uno de mis primeros clientes fue un pintoresco personaje del Village que se llamaba Nick. Cuando hacía algo, Nick pintaba. Sus telas eran muy pequeñas y parecía que hubieran sido concentradas, comprimidas, deformadas por una tremenda presión.

–El producto de una mente depravada –dijo solemnemente un agente de la brigada de estupefacientes después de ver uno de los cuadros de Nick.

Nick siempre tenía un síndrome de abstinencia más o menos intenso; sus grandes y melancólicos ojos pardos estaban permanentemente húmedos, y su delgada nariz goteaba. Solía dormir en casas de amigos, y sobrevivía gracias a la precaria indulgencia de individuos neuróticos, inestables, estúpidamente susceptibles que, de pronto, sin motivo y sin aviso, lo mandaban a paseo. También iba a comprar droga para esos tipos esperando que, para demostrarle su agradecimiento, le regalaran por lo menos una punta de cápsula, lo suficiente para calmar su constante apetito de droga. A menudo sólo le daban las gracias distraídamente, pues el comprador estaba convencido de que le había robado todo lo que había podido durante el camino. En consecuencia, Nick se acostumbró a robar un poco de droga de cada cápsula, y esponjaba el resto para que lo llenara.

Toda la existencia de Nick se resumía en eso. Su constante e insatisfecho apetito de droga había arrinconado cualquier otra preocupación. Hablaba vagamente de ir a Lexington para curarse, o de embarcarse en la marina mercante, o de comprar elixir paregórico en Connecticut, donde era de venta libre, y tratar de eliminar paulatinamente su adicción.

Nick me presentó a Tony, camarero de un bar del Village. Tony había sido traficante, y estuvo a punto de terminar en la trena cuando los agentes federales irrumpieron en su apartamento. Apenas tuvo tiempo de tirar la heroína que tenía debajo del piano. Los federales no encontraron nada, excepto su instrumental, y no le detuvieron. Se asustó mucho y dejó de trapichear. Era un italiano joven que, por las trazas, sabía desenvolverse en la vida. Parecía capaz de mantener la boca cerrada. Un buen cliente, sin duda.

Pasaba todas las noches por el bar de Tony y pedía un refresco. Tony me decía cuántas cápsulas quería, y entonces me iba a la cabina del teléfono o al retrete y envolvía las cápsulas solicitadas en papel de plata. Cuando volvía a la barra, el importe de las cápsulas estaba junto al vaso como si se tratara del cambio. Dejaba las cápsulas en el cenicero y Tony lo limpiaba bajo la barra y las cogía. Estas operaciones eran necesarias porque el propietario sabía que Tony había sido adicto y le tenía dicho que, o se mantenía lejos de la droga, o se buscaba otro trabajo. De hecho, el hijo del dueño también era yonqui, y en esa época estaba en un sanatorio, curándose. Cuando salió, se dirigió directamente a mí para comprarme material. Decía que no podía descolgarse.

Un joven yonqui italiano del tipo moderno, intelectual, que se llamaba Ray, acostumbraba a ir todas las noches a aquel bar. Parecía legal, así que también le vendí; dejaba sus cápsulas en el cenicero, junto a las de Tony. Ese bar era un local muy pequeño situado por debajo del nivel de la calle, y para llegar a él había que bajar unos escalones. Sólo tenía una puerta. Siempre sentía claustrofobia en cuanto entraba. Aquel lugar me producía tal depresión, que tenía que hacer grandes esfuerzos para atravesar la puerta.

Después de atender a Tony y a Ray, por lo general me reunía con Nick en una cafetería de la Sexta Avenida. Siempre llevaba encima dinero para unas cuantas cápsulas. Sabía, naturalmente, que me compraba la droga por encargo de otras personas, pero ignoraba quiénes eran. Nunca hubiera debido tener tratos con un tipo como Nick, que no tenía un céntimo y siempre estaba con el síndrome de abstinencia, y, por lo tanto, no miraba para quién compraba. Hay gente que necesita intermediarios que le adquieran su droga, bien porque acaban de llegar a la ciudad, bien porque llevan poco tiempo colgados y no saben dónde conseguirla. Pero el traficante tiene motivos para desconfiar de quienes mandan a alguien a comprar para ellos. En general, la razón por la que un hombre no puede comprar es porque se le considera «poco legal». Por eso manda a otro que compre para él, y ese otro quizá no sea «poco legal», sino, simplemente, alguien que necesita desesperadamente droga y no tiene dinero. Comprar para un confidente es, decididamente, poco ético. A menudo, quien compra para soplones termina convirtiéndose en soplón.

Pero no estaba en situación de rechazar su dinero. Mis márgenes de beneficio eran mínimos. Tenía que vender diariamente las cápsulas suficientes para comprar la próxima provisión de heroína pura, y nunca me quedaban más que unos pocos dólares. Así que cogía el dinero que Nick me daba y no hacía preguntas.

Así que empecé a trapichear con Bill Gains, que manejaba el mercado de la parte alta de la ciudad. Me reunía con él en una cafetería de la Octava Avenida después de terminar en el Village. Bill tenía algunos clientes buenos de verdad. Izzy, probablemente, era el mejor. Trabajaba de cocinero en un remolcador del puerto. Era uno de los tipos de la calle 103. Había cumplido una condena por tráfico de drogas, era considerado un tipo legal y tenía una fuente de ingresos regular. El cliente perfecto.

A veces Izzy aparecía con su compinche, Goldie, que trabajaba en el mismo barco. Goldie era un hombre delgado, de nariz ganchuda, con la piel de la cara tersa y una mancha de color en cada mejilla. Otro de los amigos de Izzy era un ex paraca que se llamaba Matty, un joven alto, fuerte, serio, guapo, que no tenía ninguna de las características propias del drogadicto. También iban por allí un par de putas a las que atendía Bill. Generalmente, no son un buen negocio. Atraen a la pasma y suelen cantar. Pero Bill insistía en que aquéllas, en concreto, eran legales.

Otro de nuestros clientes era el viejo Bart. Cogía unas pocas cápsulas cada día y las vendía a comisión. No sabía quiénes eran sus clientes, pero tampoco me preocupaba. Bart era legal. Si lo detenían, no hablaría. Además, llevaba treinta años en el rollo de la droga y sabía lo que se hacía.

Un buen día, cuando llegué a la cafetería donde nos reuníamos, Bill estaba sentado a una mesa con su delgado cuerpo arrebujado en un abrigo robado. El viejo Bart, andrajoso e insignificante, mojaba un bollo en su café. Bill me dijo que ya se había ocupado de Izzy, así que le di a Bart diez cápsulas para que las vendiera, y Bill y yo cogimos un taxi hasta mi apartamento. Nos picamos, hicimos inventario de existencias y separamos noventa dólares para pagar el próximo pedido.

Después de pincharse, el rostro de Bill adquirió un poco de color y se puso meloso, casi coqueto. Me dieron repeluznos. Recordé una ocasión en que me contó cómo había intentado ligárselo un maricón ofreciéndole veinte dólares. Bill declinó la oferta diciendo:

—Creo que no quedarías satisfecho.

Bill dijo, contrayendo sus delgados labios:

—Deberías verme desnudo. Soy realmente mono.

Uno de los temas de conversación más desagradables de Bill consistía en los detallados partes que daba del estado de sus intestinos.

—A veces, la cosa se pone tan difícil que tengo que meterme los dedos y estirar. Duro como la porcelana, ¿comprendes? Y el dolor es terrible.

—Escúchame —le dije—, nuestro contacto nos está dando material de menos. Sólo conseguí preparar ochenta cápsulas a partir de la última entrega, y, según mis cálculos, tenía que salir un centenar.

—Bueno, tampoco puedes esperar demasiado de tipos así. ¡Si pudiera ir al hospital para que me dieran un buen enema! Pero no te lo ponen a menos que ingreses, y no puedo pagar tanto. Te tienen en observación durante veinticuatro horas, como mínimo. Yo les dije: «Se supone que estoy en un hospital. Tengo dolores y necesito tratamiento. ¿Por qué no llaman a alguien que sepa de estas cosas y...?»

No había quien lo parase. Cuando la gente empieza a hablar del movimiento de sus intestinos, es tan inexorable como los procesos a los que se refiere.

Las cosas siguieron así durante semanas. Uno por uno, los contactos de Nick me localizaron. Estaban cansados de comprar a través de él y de que les robara droga de las cápsulas. ¡Menuda gentuza! Mendigos, maricones, estafadores, soplones, vagabundos: enemigos de trabajar, inútiles incluso para robar, siempre tratando de que les fiara. En aquel grupo no había ni uno que no fuera a largarlo todo en cuanto un policía le preguntara:

–¿Dónde conseguiste esto?

El peor de todos era Gene Doolie, un huesudo irlandés, muy bajo, con aspecto entre maricón y macarra. Gene era soplón hasta el tuétano. Lo más probable es que escribiera sucias listas de gente –sus manos siempre estaban asquerosas– y las leyera a la policía. Te lo podías imaginar denunciando a los independentistas durante el levantamiento irlandés; con una toga sucia denunciando a los cristianos; dando información a la Gestapo o a la GPU; sentado en una cafetería hablando con uno de la brigada de estupefacientes. Siempre con la misma cara delgada de rata, con un traje pasado de moda, con su penetrante voz, tan desagradable.

Lo más inaguantable de Gene era su voz. Era algo que te horadaba de parte a parte. Esa voz constituyó mi primera noticia de su existencia. Nick acababa de llegar a mi apartamento con el dinero de las compras del día cuando sonó el teléfono.

–Soy Gene Doolie –dijo la voz–. Tengo que ver a Nick, y llevo esperando mucho tiempo.

Su voz alcanzó el nivel del chillido, casi del aullido, cuando llegó a «mucho tiempo».

–Está aquí. Supongo que pronto lo verás –dije, y colgué.

Al día siguiente me volvió a llamar.

–Estoy cerca de tu casa. ¿Qué te parece si me paso por ahí? Prefiero que estés solo.

Colgó antes de que pudiera decir nada, y diez minutos más tarde llamaba a mi puerta.

Cuando una persona conoce a otra, hay un periodo de mutuo examen a nivel intuitivo para descubrir si entre ellas es posible la empatía o la identificación. Pero identificarse con Doolie resultaba absolutamente imposible. En realidad, era el punto focal de una fuerza hostil e invasora. Podías sentir cómo se introducía en tu mente y miraba en derredor para ver si había algo allí que pudiera aprovechar. Me retiré un poco de la puerta para evitar su contacto. Entró de refilón, se sentó la mar de decidido en la cama y encendió un cigarrillo.

—Es mejor que nos veamos a solas. —Su sonrisa era ambiguamente sexual—. Nick no es de fiar. —Se puso de pie y me tendió cuatro dólares—. Voy a tomar aquí mismo —dijo, y se quitó la chaqueta.

Nunca había oído a nadie usar aquella expresión en aquel contexto, y, por un momento, pensé que estaba haciéndome proposiciones deshonestas. Tras quitarse la chaqueta se arremangó la camisa. Le di dos cápsulas y un vaso de agua. Traía su propio instrumental, cosa que agradecí. Observé cómo se picaba la vena, apretaba el cuentagotas y se volvía a bajar la manga.

Cuando uno está colgado, los efectos de un pinchazo no son espectaculares. Sin embargo, el observador que sabe mirar es capaz de ver la acción inmediata de la droga en la sangre y las células de otro adicto. Pero en Doolie no pude detectar ningún cambio. Se puso la chaqueta y cogió el cigarrillo que había dejado en un cenicero. Me miró con sus ojos azul pálido, unos ojos que parecían no tener profundidad. Se diría que eran artificiales.

—Voy a decirte algo —dijo—. Cometes un gran error al confiar en Nick. Hace unas noches estaba en la cafetería Johnson y entró Rogers, el de estupefacientes. Me dijo: «Sé que Nick compra para todos vosotros, los malditos yonquis del Village. Estáis consiguiendo buen material, entre el dieciséis y el veinte por ciento. Bien, pues dile esto a Nick: podemos atraparlo en cuanto queramos, y cuando lo cojamos va a trabajar para nosotros. Ya me hizo un trabajillo en otra ocasión. Volverá a hacerme unos cuantos. Vamos a averiguar de dónde viene ese material.»

Doolie me miró de hito en hito y le dio una calada al cigarrillo. Luego, como el que no quiere la cosa, me largó:

—Cuando cojan a Nick, te cogerán a ti. Mejor será que le digas a Nick que si habla lo meterán en un saco y lo tirarán al río. No te digo más. Puedes hacerte cargo de la situación perfectamente.

Me miró tratando de descubrir el efecto de sus palabras. Era imposible determinar cuánto esperaba que me creyera de aquella historia. Quizá sólo era un modo de decirme: «Nunca sabrás quién te ha jodido vivo. Nick sería el más sospechoso, pero si yo hablo, nunca podrás estar seguro de quién lo hizo.»

—¿Puedes fiarme una cápsula? —dijo—. Lo que te acabo de contar creo que se merece algo.

Se la di y se la metió en el bolsillo sin decir nada.

—Bien, volveremos a vernos. Mañana te llamaré a la misma hora —dijo al marcharse.

Hice indagaciones para ver lo que podía averiguar de él y a fin de comprobar su historia. Nadie sabía gran cosa. Tony, el camarero, me dijo:

—Doolie te delatará si le conviene.

Pero no pudo darme datos más concretos. Sí, se sabía que Nick había cantado en una ocasión. Pero los rumores acerca de aquel asunto, en el que Doolie también estaba implicado, sugerían que el soplo muy bien hubiera podido proceder de este último.

Unos días después del episodio de Gene, cuando salía del metro en Washington Square, se me acercó un muchacho delgado y rubio.

—Bill —me dijo—, supongo que no me conoces. He estado comprándote a través de Nick, y estoy cansado de que me robe. ¿Puedes venderme tú directamente?

Pensé: «¡Qué diantre! Después de Gene Doolie, ¿por qué voy a preocuparme?»

—Vale, muchacho —le dije—. ¿Cuánto quieres?

Me dio cuatro dólares.

—Vamos a dar una vuelta —dije, y me dirigí hacia la Sexta Avenida. Tenía un par de cápsulas en la mano y buscaba un sitio poco concurrido para pasárselas.

—Alarga la mano —dije, y le pasé las dos cápsulas. Nos citamos para el día siguiente en la cafetería Bickford's de Washington Square.

Aquel chico rubio se llamaba Chris. Le había oído decir a Nick que su familia tenía dinero y vivía de una asignación que le mandaban. Cuando me encontré con él al día siguiente, en Bickford's, enseguida empezó a soltarme la historia de ten-cuida-do-con-Nick.

—La policía lo vigila continuamente. Ya sabes lo que pasa cuando un tipo está tan desesperado como él: no toma ninguna precaución. Se está derrumbando. Si lo cogen, seguro que les soltará tu nombre, dirección y teléfono.

—Eso ya lo sé —le dije.

—Bueno, espero que sepas lo que te haces —dijo, con aire de dignidad ofendida—. Ahora escúchame. Esta tarde recibiré un cheque de mi tía. Mira esto.

Sacó un telegrama del bolsillo. Lo miré por encima. Había una vaga referencia a un cheque. Siguió hablándome del cheque. Mientras hablaba, me cogía por el brazo y me salpicaba de saliva la cara. Me resultaba imposible seguir aguantando a aquel farsante. Para cortar de una vez, le di una cápsula antes de que me pidiera dos o tres.

Al día siguiente apareció con un dólar ochenta. No dijo nada del cheque. Y así continuó. Siempre venía con menos dinero del necesario, o sin nada... Siempre me aseguraba que iba a recibir dinero de su tía, o de su suegra, o de alguien. Apoyaba estos cuentos chinos con cartas y telegramas. Resultó ser casi tan pelmazo como Gene Doolie.

Otro de mis clientes dignos de mención era Marvin, camarero a tiempo parcial de un club nocturno del Village. Siempre iba sucio y sin afeitar. Sólo tenía una camisa, que lavaba cada semana más o menos y secaba en el radiador. El toque final era que no llevaba calcetines. Solía llevarle el material a su casa, una sórdida habitación amueblada en un edificio de ladrillo rojo de la calle Jane. Pensé que era mejor llegarme hasta allí que verlo en cualquier otro sitio.

Hay gente alérgica a la droga. Una de las veces en que le llevé material a Marvin, cogió una cápsula y se la picó. Yo miraba por la ventana —me pone los nervios de punta observar a alguien mientras se busca la vena—, y cuando me volví, vi que su cuentagotas estaba lleno de sangre. Se había desmayado y la sangre se metía dentro. Llamé a Nick, que le sacó la aguja de la vena y le golpeó la cara con una toalla mojada. Se recuperó parcialmente y murmuró algo.

–Parece que ya está bien –dije–. Vámonos.

Tendido en aquella cama sucia y revuelta, con el brazo inerte, del que manaba un reguero de sangre que llegaba hasta el codo, parecía un cadáver.

Cuando bajábamos las escaleras, Nick me dijo que Marvin le había pedido mi dirección.

–Escúchame bien –le dije–: si se la das, ya puedes ir buscándote otro contacto. No quiero que nadie muera en mi casa.

–Por supuesto, no le daré tu dirección –dijo Nick, que parecía dolido.

–¿Y qué pasó con Doolie?

–No sé cómo cojones la consiguió. Te aseguro que yo no se la di.

Además de aquella escoria, también conseguí un par de buenos clientes. Un día me encontré con Bert, un tipo al que conocía del Bar Angle. Era un matón. Joven, de constitución robusta, con una cara redonda que tenía una engañosa expresión de amabilidad, era especialista en palizas y «protección». Nunca había sabido que consumiera otra cosa que hierba, y me sorprendió que me preguntara si tenía algo para picarse. Le dije que sí, que tenía heroína, y me compró diez cápsulas. Descubrí que llevaba unos seis meses colgado.

Por medio de Bert, conocí a otro cliente. Se trataba de Louis, un tipo agradable, de tez pálida, facciones delicadas y sedoso bigote negro. Parecía sacado de un retrato de 1890. Era un ladrón bastante habilidoso y generalmente disponía de dinero. Cuando me pedía que le fiara, lo que sucedía raramente, siempre me liquidaba al día siguiente. A veces me traía un reloj, o un traje, en lugar de dinero, lo que me parecía bien. Una vez me dio un reloj de cincuenta dólares por cinco cápsulas.

Traficar con droga supone una prueba constante para los nervios. Más pronto o más tarde te entra la manía persecutoria, y ves policías por todas partes. Sientes que la gente que te rodea en el metro te mira como si te fuera a detener antes de que tengas la oportunidad de quitarte de encima la droga.

Doolie me veía todos los días, desvergonzado, pedigüeño, insufrible. Por lo general, traía nuevos boletines de la situación Nick-Rogers. No le importaba que notara que se mantenía en estrecho contacto con Rogers.

—Rogers es astuto, pero demasiado blando —me dijo Doolie—. No para de decirme que no anda detrás de los malditos yonquis. Lo que le interesa son los tipos que hacen dinero con la droga. «Cuando cojamos a Nick, lo utilizaremos como cebo», me dijo. «Ya me hizo un trabajillo en cierta ocasión. Volverá a hacerlo.»

Chris seguía tratando de que le fiara, seguía lamentándose y cogiéndome del brazo y seguía hablando del dinero que iba a recibir, y esta vez era totalmente seguro, dentro de unos días o unas horas.

Nick tenía un aspecto macilento y desesperado. Supongo que se gastaba todo el dinero que tenía en droga y no le quedaba para comer. Parecía como si estuviera en el estado terminal de alguna enfermedad consuntiva.

Cuando le llevaba algo a Marvin, me largaba antes de que se picara. Sabía que un día u otro una inyección de droga lo mataría, y no quería estar presente cuando sucediera.

Y, encima de todo eso, sólo conseguía ir tirando a trancas y barrancas. La constante sisa del vendedor, las ventas a crédito y los clientes que se presentaban con veinticinco, cincuenta centavos, e incluso un dólar de menos, además de mi propia adicción, sólo me permitían sobrevivir.

Cuando me quejé del vendedor, Bill Gains chasqueó los dedos y dijo que había que cortar el material aún más.

—Estás repartiendo las mejores cápsulas de todo Nueva York. Nadie vende material al dieciséis por ciento en la calle. Si tus clientes se quejan, diles que vayan a comprar a la farmacia —añadió.

Cambiábamos constantemente el lugar de nuestras citas de una cafetería a otra. A los encargados no les cuesta mucho darse cuenta de que uno trapichea. Tenía media docena de clientes habituales, y eso suponía bastante movimiento. Así que no nos quedábamos mucho tiempo en ningún sitio.

El bar de Tony seguía produciéndome horror. Un día que llovía mucho me dirigía hacia allí con una hora de retraso, más o menos. Ray, al que acostumbraba a ver al tiempo que a Tony, sacó la cabeza por la puerta de un restaurante y me llamó. Había varios reservados a lo largo de la pared. Nos sentamos en uno de ellos y pedí té.

—Hay un policía fuera. Lleva una gabardina blanca —me dijo Ray—. Me siguió hasta aquí desde el bar de Tony y me da miedo salir.

La mesa era de tubo de metal, y Ray me mostró, guiando mi mano por debajo del tablero, dónde había un extremo abierto. Le vendí dos cápsulas. Las envolvió en una servilleta de papel y metió el envoltorio en el tubo.

—Quiero salir limpio, por si me atrapan —dijo.

Bebí mi taza de té, le agradecí la información y salí delante de él. Llevaba el material en un paquete de pitillos y estaba preparado para tirarlo al arroyo. Había un hombre joven y corpulento con una gabardina blanca resguardado en un portal. En cuanto me vio salir, empezó a caminar disimuladamente delante de mí. Luego dobló una esquina y se quedó al acecho, a la espera de que pasara delante de él, para seguirme. Di la vuelta y corrí en dirección opuesta. Cuando llegué a la Sexta Avenida, lo tenía a quince metros. Entré en el metro y dejé el paquete de cigarrillos con el material en el hueco detrás de una máquina expendedora de chicle. Bajé al andén y cogí un tren que iba a Times Square.

Bill Gains estaba sentado a una de las mesas de la cafetería. Llevaba un abrigo robado y tenía otro en el regazo. Parecía tranquilo y satisfecho. El viejo Bart estaba allí, así como un taxista sin empleo llamado Kelly, que merodeaba por la calle 42 y a veces conseguía unos cuantos dólares vendiendo condones o pidiéndoles «prestados» cincuenta centavos a los transeúntes. Les hablé del policía, y el viejo Bart fue a buscar el material.

Gains parecía preocupado, y me dijo, molesto:

—¡Deberías vigilar a quién le vendes, joder!

—Si no le hubiera vendido a Ray, a estas horas me habrían llevado a la oficina de los federales.

—De acuerdo, pero vigila.

Mientras esperábamos a Bart, Kelly nos contó una larga historia acerca de cómo le había parado los pies a un carcelero en Tombs.

Bart regresó con la droga y nos informó de que un tío con una gabardina blanca se paseaba arriba y abajo por el andén. Le pasé dos cápsulas por debajo de la mesa.

Bill Gains y yo nos dirigimos hacia su casa para chutarnos.

–Voy a tener que decirle a Bart que no puedo seguir en el negocio.

Gains vivía en un apartamento de mala muerte por la zona de las calles Cuarenta Oeste. Abrió la puerta y dijo:

–Espera aquí. Voy a buscar el instrumental.

Como la mayor parte de los yonquis, escondía sus instrumentos y cápsulas de droga en algún lugar fuera de su habitación. Volvió con los instrumentos y nos picamos los dos.

Gains era consciente de su talento para la invisibilidad, y a veces necesitaba materializarse para poder encontrar la carne suficiente donde meter la aguja. Y en esos momentos parecía sentir la necesidad de reunir y mostrar todas las pruebas que atestiguaban que era un ser real. Así que se puso a revolver los cajones de su escritorio. Sacó un sobre de uno de ellos. Me mostró un documento en el que decía que había sido expulsado de la Academia Naval de Annapolis «por el bien del servicio» y una carta, vieja y sucia, de «mi amigo el capitán», un carné de miembro de la masonería y otro de los Caballeros de Colón.*

–Todo puede servir de ayuda –dijo señalando aquellas credenciales. Se sentó durante unos cuantos minutos, silencioso y reflexivo. Después sonrió–. Sólo soy una víctima de las circunstancias –dijo. Se sentó, guardó cuidadosamente sus documentos y añadió–: He recorrido ya todas las casas de empeños de Nueva York. ¿Te importaría empeñarme estos abrigos?

Después de eso las cosas fueron de mal en peor. Un día, el conserje del hotel me detuvo en el vestíbulo.

–En realidad, no sé cómo decírselo –me dijo–, pero hay algo

* Organización católica, muy importante en Estados Unidos, dedicada al apostolado y a las obras de caridad. *(N. de los T.)*

raro en la gente que sube a su habitación. Hace años hice algunos negocios ilegales. Quería, simplemente, avisarle de que tenga cuidado. Ya sabe que todas las llamadas pasan por la centralita. Esta mañana oí algo que resultaba demasiado obvio. Si hubiera estado escuchando otra persona... Tenga mucho cuidado y diga a sus amigos que cuando hablen por teléfono procuren no decir ciertas cosas.

La llamada a la que se refería era de Doolie. Me había telefoneado aquella mañana.

–¡Quiero verte! –aullaba–. ¡Tengo el mono! ¡Necesito verte inmediatamente!

Tenía la sensación de que los federales se movían a mi alrededor. Era sólo cuestión de tiempo. No me fiaba de ninguno de mis clientes del Village, y estaba convencido de que al menos uno era un asqueroso soplón. Doolie era mi sospechoso número uno, con Nick siguiéndolo muy de cerca y Chris en el tercer lugar. Por supuesto, no olvidaba a Marvin, que muy bien podría seguir el camino más fácil para conseguir un par de calcetines.

Nick también compraba para algunas personas respetables del Village que tenían trabajos fijos y a veces «se corrían una juerguecita». Esa clase de personas constituyen un riesgo potencial porque son timoratas. Tienen miedo de la policía y temen también perder sus trabajos, en los que son tan responsables. No ven nada malo en informar a la policía. Por descontado, no darán el primer paso, por miedo a verse «implicados», pero cantarán en cuanto la policía los presione un poco.

Los agentes de la brigada de estupefacientes trabajan sobre todo con ayuda de informadores. Lo más corriente es que detengan a alguien con droga encima y le tengan detenido hasta que su síndrome de abstinencia llega al punto álgido. Entonces empieza el discurso persuasivo:

–Pueden caerte cinco años por posesión de droga. También puedes salir libre ahora mismo. La decisión depende de ti. Si trabajas para nosotros, harás un buen negocio. Tendrás droga y dinero. Te doy unos minutos para pensarlo.

El policía saca unas cuantas cápsulas y las pone encima de la mesa. Eso es como poner un vaso de agua helada delante de un hombre que se muere de sed.

—¿Por qué no las coges? Ahora te comportas con sensatez. La primera persona a quien queremos detener es...

Hay algunos que ni siquiera necesitan ser presionados. Droga y dinero es todo lo que quieren, y no les preocupa cómo conseguirlos. Finalmente, el nuevo soplón recibe unos cuantos billetes marcados y es enviado a comprar. En cuanto el soplón hace una compra con ese dinero, los policías, que lo vigilan de cerca, hacen la detención. Es fundamental que ésta tenga lugar antes de que el traficante haya podido cambiar el dinero. Los policías tienen el dinero marcado que compró la droga y la droga comprada con él. Si el caso es lo bastante importante, el soplón puede ser llamado a declarar. Por supuesto, una vez que comparece ante el tribunal y declara, el soplón queda en evidencia y nadie querrá venderle. A menos que la policía lo mande a otra ciudad (algunos soplones especialmente hábiles hacen giras), su carrera como informador ha terminado.

Más pronto o más tarde, los traficantes descubren a los soplones y no quieren venderles. Cuando sucede esto, su utilidad para la policía se termina, y entonces suelen ser detenidos. A menudo, los soplones acaban en la cárcel, y cumpliendo condenas superiores a las de cualquiera de los que han denunciado.

Cuando se trata de chicos jóvenes que no pueden ser utilizados permanentemente como soplones, el procedimiento es distinto. El policía puede jugar a ser comprensivo y dice algo así:

—Me fastidia tener que mandar a la cárcel a alguien tan joven. Estoy seguro de que ha sido un mal momento. Eso le puede suceder a cualquiera, no te preocupes. Voy a darte una oportunidad, pero tienes que cooperar con nosotros. En caso contrario, no podré ayudarte.

O bien puede atizarle en los morros y decirle:

—¿Dónde la conseguiste?

Con muchísima gente, basta con esto.

Era posible encontrar ejemplos de cada una de las clases de informadores que existen entre mis clientes.

Después de que el conserje me puso sobre aviso, me cambié a otro hotel y di un nombre falso. Dejé de ir al Village y me citaba con mis clientes en lugares de la parte alta de la ciudad.

Cuando le conté a Gains lo que el conserje me había dicho y la suerte que había tenido de que fuera un tipo legal, me dijo:

—Debemos dejarlo. No duraremos mucho con esta gentuza.

—Bueno —dije—, pero nos están esperando ahora mismo, enfrente de la cafetería. Todos. ¿Acudimos a la cita?

—Sí. Me voy a Lexington, a desintoxicarme, y necesito dinero para el autobús. Quiero marcharme esta misma noche.

Cuando llegamos a la cafetería donde nos habíamos citado, Doolie se separó de los demás y corrió hacia nosotros a toda velocidad. Calzaba sandalias, o chinelas.

—Dame cuatro cápsulas por esto —me dijo tendiéndome una cazadora deportiva de dos tonos—. He estado detenido veinticuatro horas.

Ver a Doolie con el síndrome de abstinencia era algo terrible. La envoltura de su personalidad había desaparecido, disuelta por sus células hambrientas de droga. Vísceras y células, galvanizadas por una repugnante actividad, como la de una larva de insecto tratando de romper su capullo, parecían a punto de salir a la superficie. Su cara estaba borrosa. Era realmente irreconocible al mismo tiempo hundida y tumefacta.

Gains le dio dos cápsulas y cogió la cazadora.

—Esta noche te daré otras dos —dijo—. Nos veremos aquí a las nueve en punto.

Izzy, que estaba cerca, silencioso, miraba a Doolie con desagrado.

—¡Santo Dios! —dijo—. ¡Sandalias!

Los otros pululaban a nuestro alrededor tendiéndonos la mano como una multitud de mendigos asiáticos. Ninguno de ellos tenía dinero.

—Hoy no se fía —dije, y comenzamos a alejarnos calle abajo. Nos seguían, lamentándose y suplicando, tirándonos de las mangas.

—¡Sólo una cápsula!

Volví a repetir que no y seguí caminando. Uno tras otro se fueron esfumando. Nos dirigimos al metro y le dijimos a Izzy que lo dejábamos.

—¡No me extraña, joder! —dijo—. ¡Sandalias!

Izzy compró seis cápsulas y le dimos dos al viejo Bart, que se largaba a Riker para realizar una cura de treinta días.

Bill Gains examinaba la cazadora deportiva con ojo experto.

—Puede valer unos diez dólares —dijo—. Conozco a un sastre

que me coserá esto. –Un bolsillo estaba algo descosido–. ¿Dónde la habrá robado?

–Dice que en Brooks Brothers, pero es de esa clase de tipos que aseguran que todo lo que roban procede de Brooks Brothers o de Abercrombie & Fitch.

–Pues lo siento –dijo Gains, sonriendo–. Mi autobús sale a las seis. No voy a poder darle las otras dos cápsulas que le prometí.

–No te preocupes por eso. Es un soplón.

–¿De veras? Bueno, si es así, no importa.

Bill Gains se fue a Lexington y yo cogí mi coche con la intención de dirigirme a Texas. Tenía dos gramos de droga. Pensaba que con eso me bastaría para reducir paulatinamente mi adicción, hasta eliminarla. Había elaborado cuidadosamente un plan de desintoxicación. Se suponía que duraría doce días. Llevaba la droga en disolución, y otra botella igual llena de agua destilada. Cada vez que llenara un cuentagotas de droga disuelta para usarla, añadiría la misma cantidad de agua destilada a la botella de la solución. Al final, me inyectaría sólo agua. Es un método bien conocido por todos los yonquis. Una variación del mismo es la denominada cura china, que se realiza con láudano y Tónico Wampole. Al cabo de unas semanas, sólo bebes Tónico Wampole.

Cuatro días después, en Cincinnati, estaba sin droga y con los primeros síntomas del síndrome de abstinencia. Nunca he conocido a nadie a quien le haya funcionado una de esas curas de desintoxicación. Siempre se encuentran razones para un pinchazo excepcional que disminuye la provisión de droga. Finalmente, se termina y uno sigue tan enganchado como antes.

Dejé el coche en un garaje y cogí el tren hacia Lexington. Carecía de los papeles necesarios para ser admitido, pero confiaba en que los motivos expuestos en mi licencia del ejército hicieran que fuese aceptado. Cuando llegué a Lexington, tomé un taxi para que me llevara al hospital, que se encuentra a unos cuantos kilómetros de la ciudad. Una vez llegados a la garita que había a la entrada, un viejo vigilante irlandés, tras mirar mi licencia, dijo:

–¿Es adicto a las drogas?

Dije que sí.

–Bien, siéntese. –Señaló un banco.

Telefoneó al edificio principal.

–No, no tiene documentación... Sólo una licencia del ejército.

–Sin soltar el teléfono, me preguntó–: ¿Ha estado aquí antes?

Dije que no.

–Dice que no. –El vigilante colgó–. Dentro de unos minutos vendrá un coche a buscarlo. ¿Lleva drogas, agujas o jeringas encima? Debe dejar todo eso aquí, pues si lo lleva al edificio principal pueden acusarlo de introducir artículos de contrabando en una institución del gobierno.

–No llevo nada de eso encima –dije.

Tras una corta espera, llegó un coche que me condujo hasta el edificio principal. Una pesada puerta de barrotes de metal se abrió automáticamente para permitir que el coche entrara, y se cerró inmediatamente después. Un vigilante muy educado escuchó la historia de mi adicción.

–Ha hecho bien dirigiéndose a nosotros –me dijo–. Ahora está aquí un hombre que se ha pasado las navidades de los últimos veinticinco años encerrado en algún sitio.

Puse mi ropa en una cesta y tomé una ducha. El paso siguiente era un examen médico. Tuve que esperar unos quince minutos a que llegara el médico. Se disculpó por haberme hecho esperar, me hizo una revisión general y escuchó mi historia. Sus gestos eran educados y eficientes. Cuando le expliqué la historia de mi adicción me interrumpió con algún comentario ocasional o alguna pregunta. Cuando le dije la cantidad que solía comprar, sonrió y dijo:

–Y vendía algo para poder mantener su adicción, ¿verdad?

Por fin se repantigó en su butaca y dijo:

–Como supongo que ya sabe, puede abandonar este lugar con sólo avisar con veinticuatro horas de antelación. Hay personas que nos dejan a los diez días y quedan curadas para siempre. Otras están seis meses con nosotros y vuelven a los dos días de salir. Pero, estadísticamente hablando, cuanto más tiempo permanezca aquí, mayores probabilidades tiene de no volver nunca más. Nuestro sistema es más o menos impersonal. La cura dura ocho o diez días, según la intensidad de la adicción. Puede vestirse.

Me señaló un pijama, una bata y unas zapatillas que habían

traído para mí. El médico habló rápidamente por un dictáfono. Hizo una breve relación de mi estado físico y de mi adicción.

—El paciente parece tranquilo y fundamenta los motivos de su deseo de cura en razones familiares —dijo finalmente.

Un vigilante me llevó al pabellón al que había sido destinado.

—Si quiere mantenerse lejos de las drogas, ha elegido el lugar adecuado —dijo.

El encargado del pabellón me preguntó si realmente quería dejar las drogas. Le dije que sí. Me asignó una habitación privada.

Unos quince minutos después el encargado anunció:

—¡La hora del pinchazo!

Todos los del pabellón nos alineamos. Cuando decían nuestro nombre pasábamos el brazo a través de una ventanilla que había en la puerta de la enfermería del pabellón y el encargado nos pinchaba. Como tenía el síndrome de abstinencia, el chute me dejó en perfecto estado. Poco después empecé a sentir hambre.

Me dirigí a una sala común donde había bancos, sillas y una radio, y entablé conversación con un joven italiano con pinta de asesino a sueldo. Me preguntó si había estado allí antes. Le dije que no.

—Pues deberías estar con los «bien dispuestos» —dijo—. Allí la cura es más larga y las habitaciones mejores.

Los «bien dispuestos» eran los que estaban en Lexington por primera vez y eran considerados especialmente bien dispuestos para curarse de modo permanente. Evidentemente, el médico de la recepción no se había creído demasiado mis buenos propósitos.

Se acercaron otros y se unieron a nuestra conversación. El pinchazo los había hecho sociables. Primero llegó un negro de Ohio.

—¿Cuánto te han echado? —le preguntó el italiano.

—Tres años —dijo el negro. Lo habían cazado por falsificar y vender recetas. Empezó a contar una historia acerca de una condena que había cumplido en Ohio—. Es un lugar jodido para cumplir condena. Está lleno de hijos de puta muy violentos. Cuando vas a recoger tus cosas a Suministros, siempre hay un matón que te dice que se las des. Si te resistes, te atiza en los morros y sus compinches te pegan una paliza. No puedes con todos.

Un jugador y traficante de Saint Louis estaba describiendo un método para eliminar el fenol de un preparado de fenol, tintura de opio y aceite de oliva.

–Le dije al matasanos que mi madre era muy vieja y utilizaba ese preparado contra las almorranas. Una vez que has filtrado el aceite de oliva, pones el material en una cuchara que calientas a la llama del gas. De ese modo el fenol se quema. Los efectos duran unas veinticuatro horas.

Un tipo guapo, de unos cuarenta años, tez bronceada y cabello gris, contaba cómo su novia le había pasado material dentro de una naranja:

–Estábamos en la prisión del condado. Los dos teníamos tanto miedo, que no nos llegaba la camisa al cuerpo. De pronto, cuando la mordí, noté que la naranja sabía demasiado amarga. Por lo menos contenía mil doscientos miligramos, inyectados con una jeringa. No sabía que la chica fuera tan lista.

–El guardián me dijo: «¡Drogadicto! ¿Qué cojones quieres decir con eso de que eres drogadicto, grandísimo hijo de puta? Aquí no tenemos más medicina que el jarabe de palo.»

–Aceite de oliva y tintura. El aceite flota y puedes quitarlo con un cuentagotas. Luego calientas lo que queda hasta que parece alquitrán.

–Así que le aticé a Philly mientras estaba con el mono.

–Bueno, entonces el matasanos dice: «De acuerdo, ¿cuánta cantidad suele usar?»

–¿Nunca habéis usado Dilaudid, una morfina especial, en polvo? Montones de tíos la han diñado con ella. Basta con lo que cabe en la punta de un palillo. La palmas, sí, sí, la palmas.

–Lo calientas y después te lo picas.

–Estaba tan colocado, que se le cerraban los ojos.

–Cargado.

–Eso era en el año 33. A dólar el gramo.

–Solíamos hacer una pipa con una botella y un tubo de goma. Cuando acabábamos de fumar, la rompíamos.

–Lo calientas y después te lo picas.

–Estaba tan colocado, que se le cerraban los ojos.

–¡Claro que puedes picarte cocaína en la piel! Te pega directamente en el estómago.

–Heroína y coca. Puedes *oler* cómo te baja.

Eran como seres hambrientos que sólo pudieran hablar de comida. Al cabo de un rato los efectos del pinchazo empezaron a ceder. La conversación languideció. La gente empezó a dispersarse. Unos se tumbaron en sus camas, otros leían, otros jugaban a cartas. La comida se servía en la sala común y era excelente. Nos picaban tres veces al día. Una a las siete de la mañana, cuando nos levantábamos, otra a la una de la tarde y otra a las nueve de la noche. Durante la tarde habían llegado dos viejos conocidos: Matty y Louis. Coincidí con Louis cuando estábamos alineados para el pinchazo de la noche.

—¿Te han echado el guante? —me preguntó.

—No. He venido a desintoxicarme. ¿Y tú?

—Lo mismo —respondió.

Con el pinchazo de la noche me dieron hidrato de cloral en un vaso. Cinco nuevos llegaron durante la noche. El vigilante estaba nervioso:

—No sé dónde voy a meterlos. Ya tengo treinta y un drogadictos aquí.

Entre los recién llegados había un hombre de cabello blanco llamado Bod Riordan. Tenía setenta años y era un veterano estafador, traficante y carterista. Parecía un banquero de 1910. Había llegado con dos amigos en un coche. Camino de Lexington habían llamado al ministro de Sanidad, en Washington, y le rogaron que telefoneara al hospital para anunciar su llegada. Llamaban Felix al ministro y parecían conocerlo muy bien. Pero el único que ingresó aquella noche fue Riordan. Los otros dos se dirigieron a un pueblo próximo a Lexington donde conocían a un médico que les facilitaría droga antes de que empezaran a sentir el síndrome de abstinencia.

Llegaron hacia el mediodía del día siguiente. Sol Bloom era un tipo gordo con cara de judío. El otro era un hombre delgado que se llamaba Bunky. Hubiera podido pasar por granjero, a no ser por sus ojos grises, serenos y fríos detrás de sus gafas con montura metálica. Eran los dos amigos de Riordan. Todos habían cumplido varias condenas, por lo general por tráfico. Eran afables pero mantenían cierta reserva. Contaban que querían dejar la droga porque los agentes federales los tenían fichados.

—¡Joder, me gusta la droga y podría tener una habitación llena! Pero si no puedo usarla sin que la policía me siga los pasos a todas horas, prefiero dejar de picarme –dijo Sol. Luego habló de algunos antiguos amigos suyos que habían empezado a picarse con él y ahora eran hombres respetables–. Sí, dicen: «No quiero tener nada que ver con Sol. Es un *yonqui*.»

No creo que esperaran que nadie se tragara que querían dejar la droga. Sólo se trataba de un modo de decir que estaban allí, por razones que no le importaban a nadie.

Otro recién llegado era Abe Green, un judío cojo de nariz muy larga. Casi parecía el doble de Jimmy Durante. Sus ojos eran azul pálido, y recordaban los de un pájaro. Incluso con el síndrome de abstinencia irradiaba una fiera vitalidad. En su primera noche en el pabellón se encontró tan mal, que hasta acudió un médico para atenderlo y tuvo que darle treinta miligramos de morfina extras. A los pocos días ya estaba saltando por la sala común, hablando y jugando a las cartas. Green era un traficante muy conocido de Brooklyn, y uno de los pocos independientes. La mayor parte de los traficantes tienen que trabajar para el sindicato o dejarlo, pero Green tenía tantos contactos que podía seguir en el negocio por su cuenta. Estaba en libertad bajo fianza, pero esperaba salir libre alegando que le habían detenido de modo ilegal.

–El agente me despertó en plena noche y empezó a pegarme en la cabeza con su pistola. Quería que le dijera quién era mi contacto. Le dije: «Tengo cincuenta y cuatro años y nunca he vendido a nadie. Antes de hacerlo, moriré.»

Hablando de una vez que lo detuvieron en Atlanta, donde tuvo que pasar el mono a palo seco, contaba:

–Durante catorce días me golpeé la cabeza contra la pared y la sangre me salía por los ojos y la nariz. Cuando venía el guardián, le escupía en la cara.

Contados por él, estos relatos tenían cierto aliento épico.

Benny era otro veterano yonqui judío de Nueva York. Ya había estado en Lexington once veces, y en aquella ocasión su estancia se debía a que le habían aplicado la siguiente ley de Kentucky: «Cualquier persona que use narcóticos puede ser condenada a un año de cárcel, con la alternativa de seguir una cura en Lexington.» Era un pequeño judío, bajo y gordo, de cara redonda. Jamás habría sospechado que fuera yonqui. Tenía una voz bastante agradable y cantaba a menudo; su mejor número era «April Showers».

Un día Benny entró en la sala común muy excitado.

—Moishe acaba de ingresar —dijo—. Es mendigo y maricón. Una auténtica vergüenza para la raza judía.

—¡Pero, Benny —dijo alguien—, tiene mujer e hijos!

—No importa. Aunque tenga diez hijos —dijo Benny—, sigue siendo un mariconazo.

Moishe apareció una hora después. Evidentemente, era afeminado y tenía pinta de mendigo. Tendría unos sesenta años, la piel rosada y el pelo blanco.

Matty siempre andaba de un lado para otro por el pabellón, hablando con todo el mundo, haciendo preguntas directas, describiendo su síndrome de abstinencia con todo detalle. Nunca se quejaba. Creo que era incapaz de sentir autocompasión. Bob Riordan le preguntó por qué le habían atrapado, y replicó:

—Porque soy un ladrón jodidamente estúpido.

Contó una historia sobre un borracho dormido en el banco de un andén del metro:

—Sabía que tenía un fajo de billetes en el bolsillo, pero cada vez que me acercaba a tres metros de él, se despertaba y me decía: «¿Qué quieres?»

Era fácil imaginar cómo los vigorosos y penetrantes efluvios que emanaban de Matty habían despertado al borracho.

—Entonces me largué y encontré a un tío al que conocía. Se sentó junto al borracho y a los veinte segundos lo había dejado limpio. Cortó el bolsillo con una navaja.

—¿Por qué no lo arrinconaste contra la pared y le quitaste el dinero? —dijo Riordan con su habitual tono amable y condescendiente.

Matty tenía una frescura increíble y no parecía, ni mucho menos, drogadicto. Si en una farmacia se negaban a venderle una jeringa, era capaz de decir:

—¿Por qué no quieren vendérmela? ¿Es que tengo pinta de drogadicto?

Un médico judío, aseguraba, era quien lo había introducido en la droga.

—El muy cabrón me decía: «Matty, necesitas un pinchacito. Tienes mal color.» Pero le hice lamentar haberme conocido.

Pude imaginarme perfectamente la escena: el anciano y obeso

médico judío se había negado a fiarle droga a Matty. Las personas como él son uno de los riesgos con que se enfrentan los camellos. Normalmente, tienen dinero. Cuando no lo tienen, esperan que les fíes la droga. Si se la niegas, tratarán de obtenerla por la fuerza. No escuchan cuando necesitan droga.

La cura en Lexington no está destinada a que los adictos se sientan cómodos. Empieza con quince miligramos de morfina tres veces al día y dura ocho días; el preparado usado ahora es una morfina sintética llamada dolofina. A los ocho días se recibe un pinchazo de despedida y te mandan a otro pabellón, donde te dan barbitúricos durante tres noches, y eso es el final de la medicación.

Para un hombre con una adicción muy fuerte, es un sistema demasiado rudo. Tuve suerte de haber llegado con el síndrome de abstinencia, porque la cantidad que me dieron me resultó suficiente. Cuanto más tiempo se lleva sin droga, menor cantidad se necesita para que surta efecto.

Después de recibir el último pico, fui enviado al pabellón B, al que llamaban «el barrio chino». No tenía nada que decir en cuanto al alojamiento, pero los internos resultaban deprimentes. En mi sección había un grupo de viejos vagabundos babeantes.

Una vez que la medicación cesa, uno puede descansar durante siete días. Después es preciso elegir un trabajo. Lexington tiene una granja y una vaquería. Hay una planta conservera para enlatar la fruta y las verduras cultivadas en la granja. Los internos trabajan en un laboratorio dental donde hacen prótesis. También hay un taller de reparación de radios y una biblioteca. Trabajan como porteros, cocinan y sirven la comida, o ayudan a los encargados de los pabellones. Hay, pues, una gran variedad de trabajos donde elegir.

No permanecí allí el tiempo suficiente para trabajar. En cuanto se pasaron los efectos del último pinchazo, empecé a sentir el síndrome de abstinencia. No era ni sombra del que tenía cuando llegué, pero bastaba para que me sintiera muy mal. Ni siquiera con sedantes conseguí dormir la primera noche que pasé en el pabellón B. Al día siguiente la cosa fue peor. Era incapaz de tragar nada y para moverme tenía que hacer grandes esfuerzos. La dolofina suprime los síntomas del síndrome, pero reaparecen en cuanto cesa su administración. «No te descuelgas en el pabellón donde te pinchan», me había dicho uno de los internos, «sino aquí, en el pabellón B.» Cuando dejaron de administrarme la medicación nocturna, avisé de que quería marcharme, a pesar de que seguía con el mono. Una fría y ventosa tarde, cinco de nosotros cogimos un taxi para Lexington.

–Lo primero que hay que hacer es largarse de Lexington –me dijeron mis compañeros–. Vete directamente a la estación de autobuses y espera hasta que salga el primero. Si no lo haces, pueden detenerte.

En efecto, podían aplicarme la misma ley que a Benny. Se trata de una ley destinada, entre otras cosas, a proteger a los farmacéuticos y médicos de Kentucky de las molestias que podrían causarles los adictos que van a la granja o salen de ella. También está destinada a evitar que los adictos se queden merodeando por la ciudad.

En Cincinnati, tras recorrer varias farmacias, conseguí unos cuantos frascos de veinticinco gramos de elixir paregórico. Cincuenta gramos de paregórico proporcionan la dosis suficiente para calmar a un adicto cuando está relativamente desintoxicado, como era mi caso por aquel entonces. A los diez minutos noté la acción de la droga, y el síndrome de abstinencia desapareció. Sentí hambre y salí del hotel para ir a comer algo.

Al final llegué a Texas y estuve unos cuatro meses sin tocar la droga. Luego me fui a Nueva Orleans. Nueva Orleans ofrece una serie de ruinas estratificadas. Ruinas de los años veinte en la calle Bourbon. Y más abajo, en la confluencia del barrio francés con el barrio chino, hay ruinas de un estrato anterior: restaurantes de enchilados, decrépitos hoteles, viejos bares con barras de caoba, escupideras y candelabros de cristal. Ruinas del 1900.

En Nueva Orleans hay gente que no ha salido nunca de los límites de la ciudad. El acento de Nueva Orleans es extraordinariamente parecido al de Brooklyn. El barrio francés siempre está lleno de gente. Turistas, soldados, marineros, jugadores, degenerados, vagos y maleantes de todos los estados de la Unión. La gente vagabundea, sin relacionarse con nadie, sin rumbo fijo, y la mayoría tiene aspecto hosco y hostil. Es un sitio donde uno puede pasárselo bien de verdad. Hasta los delincuentes acuden allí para camuflarse y relajarse.

Pero una compleja estructura de tensiones, semejante a los haces de cables eléctricos empleados por los psicólogos para hacer funcionar a toda potencia el sistema nervioso de los ratones blancos y las cobayas de laboratorio, mantiene a los infelices buscadores de placeres en un estado de alerta permanente. Y es que Nueva Orleans es extraordinariamente ruidosa. Los automovilistas se guían sobre todo mediante el uso de los cláxones, como los murciélagos. Los habitantes de la ciudad son antipáticos, y los pasavolantes constituyen un conglomerado sin cohesión interna, de manera que nunca puede saberse qué comportamiento cabe esperar de nadie.

Era forastero en Nueva Orleans y no había forma de entrar en contacto con la droga. Descubrí varias zonas de yonquis al pasear por la ciudad: Saint Charles y Poydras, el área alrededor y más arriba de Lee Circle, Canal y Exchange Place. Las zonas de droga no se reconocen por su aspecto, sino por algo que se siente, por un proceso semejante al del zahorí que busca y descubre agua subterránea. Va uno paseando y, de pronto, la droga contenida en las células se agita y se retuerce como la horquilla del zahorí: «¡Aquí hay droga!»

No vi a nadie a quien dirigirme, y, además, quería seguir limpio; o, por lo menos, eso creía.

Una noche estaba en el Frank's Bar, junto a Exchange Place, tomando un cuba libre. Era un sitio equívoco: marineros y estibadores, maricas, tahúres del garito abierto toda la noche que había al lado, y algunos personajes inclasificables. A mi lado, de pie ante la barra, había un hombre de mediana edad, de cara delgada y larga y pelo gris. Le pregunté si quería tomar una cerveza conmigo.

–Me gustaría –dijo–, pero desgraciadamente..., desgraciadamente no estoy en situación de poder corresponderle.

Resultaba evidente que se trataba de un trabajador manual, autodidacta y que se convertía en un pelmazo absoluto en cuanto clasificaba a alguien en la categoría de «hombre instruido».

Pedí dos cervezas y se puso a contarme que estaba acostumbrado a corresponder a las invitaciones. En cuanto nos dieron las cervezas, dijo:

—¿Nos vamos a una mesa tranquila donde podamos hablar acerca del estado del mundo y el sentido de la vida sin que nos molesten?

Nos llevamos los vasos a una mesa. Estaba preparando una excusa para irme. De repente, el hombre dijo:

—Por ejemplo, sé que le interesan los estupefacientes.

—¿Cómo puede saberlo? —le pregunté.

—Lo sé —dijo con una sonrisa—. Sé que está usted aquí para investigar sobre ese tema. Yo también lo he hecho, y mucho. He ido a la oficina local del FBI al menos cincuenta veces a decirles lo que sé. Estoy seguro de que usted conoce perfectamente los estrechos lazos entre el comunismo y los estupefacientes. El año pasado estuve embarcado en la C&A. Es una naviera controlada por los comunistas. El primer maquinista lo era, seguro. Me di cuenta inmediatamente. Fumaba en pipa y la encendía con un encendedor de cigarrillos. En realidad, lo usaba para hacer señales. —Me demostró gráficamente cómo encendía su pipa el maquinista con un mechero de cigarrillos y cómo tapaba y destapaba la llama para hacer señales—. Era muy astuto, desde luego.

—¿Y a quién hacía las señales? —le pregunté.

—No lo sé con exactitud. Durante un tiempo fuimos seguidos por un avión. Cada vez que salía a encender la pipa se oía el motor. Voy a contarle una cosa que le ahorrará mucho tiempo. El sitio donde puede encontrar la información que busca es el Hotel Frontier. Es de la misma gente que controla el Standish de Filadelfia. Todos andan metidos en drogas y todos están relacionados con los comunistas.

—¿No es peligroso para usted contarme todas estas cosas? No sabe quién soy. Suponga que estuviera de la otra parte.

—Sé con quién hablo —dijo—. Si no lo supiera, no estaría aquí. Estaría muerto. Entre tanta gente como hay en este bar le he elegido a usted, ¿no es cierto?

—Sí, pero ¿por qué?

—Hay algo que me dice lo que tengo que hacer. —Me enseñó una medalla con un santo que llevaba colgada al cuello—. Si no llevase esto, me habría encontrado con un cuchillo o una bala hace ya tiempo.

–¿Y por qué está interesado por las drogas?

–Porque no me gusta lo que hacen con la gente. Tuve un compañero en un barco que las consumía.

–Cuénteme –le dije– cuál es exactamente la conexión entre los estupefacientes y el comunismo.

–Seguro que lo sabe mucho mejor que yo. Veo que trata de averiguar cuánto sé. De acuerdo. Los que trafican con drogas y los comunistas son los mismos. En estos momentos controlan la mayor parte de los Estados Unidos. Soy hombre de mar. Llevo veinte años navegando. ¿Quiénes consiguen los trabajos buenos en el sindicato? ¿Blancos norteamericanos como usted y como yo? No. Italianos, hispanos y negros de mierda. ¿Y por qué? Porque el sindicato controla la navegación y los comunistas controlan el sindicato. –Mientras me levantaba para irme, dijo–: Estaré por aquí, si me necesita.

En el barrio francés hay unos cuantos bares de maricones que por las noches están tan abarrotados que muchas locas tienen que quedarse en la acera. Un local lleno de maricones es algo que me horroriza. Van espasmódicamente de un lado para otro como marionetas que colgasen de cuerdas invisibles, con una hiperactividad postiza que es la negación de lo vivo y lo espontáneo. El ser humano vivo abandonó sus cuerpos hace muchísimo tiempo. Pero algo penetró en ellos cuando los dejó su inquilino originario. Los maricones son muñecos de ventrílocuo que se introdujeron en el cuerpo de su creador y usurparon su personalidad. Se sientan en un bar de locas con su cerveza en la mano y parlotean incansablemente moviendo sólo la boca mientras el resto de su cara de muñeco permanece rígido.

De vez en cuando pueden encontrarse personalidades intactas en esos bares, pero los que imponen su estilo allí son los maricones, y entrar en esos locales siempre acaba por deprimirme. La depresión se acumula. Después de llevar una semana en una ciudad nueva, estoy hasta las narices de esos tugurios y tengo que cambiar de aires y buscar otro tipo de bares, generalmente en el barrio chino o sus alrededores.

Pero no puedo resistir la tentación de volver por esos lugares de vez en cuando. Una noche me emborraché de tal manera en Frank's que perdí la conciencia y me fui a un bar de maricas. Sin duda, allí seguí bebiendo, porque hay un lapso de tiempo que no recuerdo bien. Estaba amaneciendo en el exterior cuando en el bar hubo un insólito momento de silencio. El silencio es algo extraordinariamente raro en un bar de maricones. Imagino que la mayoría de los clientes debían de haberse ido. Estaba apoyado contra la barra con una cerveza que no me apetecía delante de mí. El ruido se disipó como el humo y vi a un chico pelirrojo que me miraba con descaro, como a un metro de distancia.

No parecía demasiado amanerado, así que le dije:

—¿Cómo van las cosas?

O algo parecido.

—¿Te vienes a la cama conmigo? —me dijo.

Y yo dije:

—Bueno, vamos.

Al irnos agarró mi botella de cerveza y se la metió bajo la chaqueta. Fuera ya había amanecido y el sol empezaba a despuntar. Atravesamos dando tumbos el barrio francés, pasándonos la botella de cerveza. Me llevaba a su hotel, según dijo. Sentía un nudo en el estómago igual que si estuviera a punto de meterme un picotazo después de mucho tiempo sin droga. Hubiera debido tener más cuidado, desde luego, pero nunca he sabido combinar precaución y sexo. Durante todo el rato el chico me hablaba en tono sensual con un acento sureño que no era de Nueva Orleans, y a la luz del día seguía teniendo buena pinta.

Llegamos a un hotel y me explicó que era mejor que entrara solo y diera una propineja. Saqué unos cuantos billetes del bolsillo. Los miró y dijo:

—Será mejor que me des diez dólares.

Se los di. Entró en el hotel y salió inmediatamente.

—No hay habitaciones —dijo—. Voy a ver en el Savoy.

El Savoy estaba justo en la acera de enfrente.

—Espera aquí —dijo.

Esperé como una hora antes de darme cuenta de qué era lo que no le había gustado del primer hotel. No tenía puerta trasera ni lateral por donde largarse. Volví a mi apartamento y cogí la pistola. Rondé al acecho por los alrededores del Savoy y busqué al muchacho por todo el barrio francés. A mediodía tuve hambre y me comí un plato de ostras con una cerveza; de repente, me sentí tan cansado que, al salir del restaurante, se me doblaban las piernas como si alguien me estuviera golpeando detrás de las corvas.

Tomé un taxi, volví a casa y me dejé caer en la cama sin quitarme ni los zapatos. Desperté sobre las seis de la tarde y me fui a Frank's. Después de tres cervezas, tomadas en rápida sucesión, me sentí mejor.

Junto a la gramola había un individuo con el que crucé la mirada unas cuantas veces. Me miraba de un modo significativo, como un homosexual cuando reconoce a otro. Tenía el aspecto de una de esas macetas de barro con forma de cabeza. Una cara de campesino, con intuición, estupidez, astucia y picardía de campesino.

La gramola no funcionaba. Me acerqué y le pregunté si estaba estropeada. Me dijo que no lo sabía. Lo invité a tomar una copa. Pidió un refresco y me dijo que se llamaba Pat. Le dije que había llegado hacía poco de la frontera mexicana.

—Me gustaría darme una vuelta por allí. Pasar algo de material de México —dijo.

—La frontera es poco segura —dije.

—Espero que no te parezca mal —empezó— si te digo que parece que también le pegas al caballo.

—Claro que le pego.

—¿Quieres comprar? —preguntó—. Estoy citado con el camello dentro de poco. Tengo que mangar para conseguir la pasta. Si me pagas una cápsula, puedo comprar para ti.

—Bueno —dije.

Fuimos andando hasta pasar la esquina del sindicato de marinos.

—Espera un momento —dijo, y entró en un bar. Estaba casi seguro de ver volar mis cuatro dólares, pero volvió a los pocos minutos—. Bueno —dijo—. Ya lo tengo.

Le pedí que viniera a mi apartamento para darnos un toque. Cuando llegamos a mi casa saqué el instrumental, que no había usado desde hacía cinco meses.

—Si no estás enganchado, es mejor que andes con tiento con este material —me previno—. Es muy fuerte.

Medí como unos dos tercios de cápsula.

–Sobra con la mitad –me dijo–. Es muy fuerte, de veras.

–Así está bien –dije yo. Pero en cuanto saqué la aguja de la vena comprendí que no estaba bien. Noté un suave golpe en el corazón. La cara de Pat comenzó a ponerse negra por los bordes, y el negro se extendió hasta cubrirle todo el rostro. Sentí que mis ojos giraban en sus órbitas.

Recobré el conocimiento varias horas más tarde. Pat se había ido. Estaba tumbado en la cama, con el cuello desabrochado. Me puse de pie y caí de rodillas. Me sentía mareado y me dolía la cabeza. Del bolsillo interior me faltaban diez dólares. Supongo que debió de pensar que ya no los necesitaría.

A los pocos días me tropecé con Pat en aquel bar.

–¡Dios bendito! –dijo–. ¡Creí que te habías muerto! Te aflojé el cuello y te froté la nuca con hielo y te pusiste completamente azul y pensé: «¡Dios bendito, este hombre se muere, tengo que largarme de aquí!»

Una semana después ya estaba enganchado. Le pregunté a Pat qué posibilidades había de vender droga en Nueva Orleans.

–Esto está lleno de soplones –me dijo–. Realmente difícil.

Conque me dejé llevar. Compraba por medio de Pat; dejé de beber, dejé de salir por las noches, y me vi metido en un esquema rutinario: una cápsula de caballo tres veces al día y llenar el tiempo entre cada una y la siguiente como podía. En general, me pasaba el día pintando o haciendo trabajillos caseros. El trabajo manual hace pasar las horas con rapidez. Además, a veces me llevaba mucho tiempo conseguir el material.

La primera vez que estuve en Nueva Orleans, el mayor traficante –«el Hombre», como dicen allí– era un tipo llamado Amarillo. El nombre le venía de su piel amarillenta, como si padeciera del hígado. Era un individuo pequeño y delgado, que cojeaba. Traficaba en un bar cerca del edificio del sindicato de marinos, y de vez en cuando se echaba una cerveza entre pecho y espalda para justificar la cantidad de horas que se pasaba allí sentado. Estaba en libertad bajo fianza, y cuando se juzgó su caso, le cayeron dos años.

Siguió un periodo de confusión durante el cual resultaba difícil encontrar algo. Alguna vez me pasé hasta seis y siete horas dando vueltas en coche con Pat, esperando y buscando a diversas personas que a lo mejor tenían material. Por fin Pat dio con un buen contacto, a un dólar cincuenta la cápsula, compra mínima de veinte. Se llamaba Joe Brandon, y era uno de los pocos traficantes que he conocido en mi vida que no se drogaba.

Pat y yo empezamos a vender a pequeña escala, lo justo para mantener nuestra adicción. Tratábamos únicamente con gente a la que Pat conocía bien y de la que estaba seguro. Nuestro mejor cliente era Dupré. Trabajaba en un garito y siempre tenía dinero. Pero era un drogata insaciable y no podía evitar meter la mano en la caja. Acabó por perder su empleo.

Don, un viejo amigo de Pat, pues eran del mismo barrio, trabajaba en el Ayuntamiento. Era inspector de algo, pero se pasaba la vida de baja por enfermedad. Nunca tenía dinero para más de una cápsula, y casi todo el que tenía se lo daba su hermana. Pat me dijo que Don tenía cáncer.

—Bueno —dije—, me temo que no durará mucho.

Y así fue. Se metió en la cama, se pasó una semana vomitando y se murió.

Willy el Sifones tenía un camión y repartía bebidas carbónicas siguiendo una ruta fija. El negocio le daba para dos cápsulas al día, pero no era un vendedor de refrescos demasiado activo. Correspondía al tipo que se puede denominar inofensivo; era delgado, pelirrojo, de carácter apacible.

—Es tímido —decía Pat—. Tímido y estúpido.

Teníamos varios clientes que venían a nuestro encuentro de vez en cuando. Uno de ellos era apodado «el Blanco» —no sé por qué, pues era muy moreno—, un tipo gordinflón y tontaina que trabajaba como camarero en uno de los grandes hoteles. Daba por sentado que si pagaba una cápsula tenía derecho a que le fiáramos la siguiente. Un buen día, Pat lo despidió con cajas destempladas, y se marchó hecho una furia. Al llegar a la puerta, se volvió, le enseñó una moneda de cinco centavos y dijo:

—¿Ves esta moneda? Pues vas a lamentar haberme mandado a paseo. Voy a llamar a los de narcóticos.

Le dije a Pat que no deberíamos venderle más al Blanco.

—Sí —me contestó—, pero sabe dónde vivo. Deberíamos cambiar de aires.

Otro cliente ocasional era Lonny el Macarra, que había crecido en el burdel de su madre. Lonny intentaba espaciar sus pinchazos para no convertirse en adicto. Siempre andaba lamentándose de que no le quedaba nada limpio, que tenía que apartar tanto y cuanto para cuartos de hotel y que la ley andaba detrás de sus talones.

—¿Tú me entiendes? —decía—. No hay porcentaje.

Lonny era un macarra nato. Flaco y nervioso, no podía permanecer sentado ni tener la boca cerrada. Mientras hablaba movía sus manos finas y cubiertas de pelos largos y negros, grasientos. Bastaba mirarle la entrepierna para ver que tenía un enorme cipote. Todos los macarras lo tienen. Llevaba buena ropa y tenía un Buick descapotable. Pero no tenía el menor empacho en pedirnos que le fiáramos una cápsula de dos dólares.

Después de pincharse, mientras se bajaba la manga de una de sus camisas de seda a rayas y se ponía el gemelo, decía:

—Oíd, muchachos, ando un poco mal de fondos. No os importará ponerme ésta en la cuenta, ¿verdad? Ya sabéis que soy de fiar.

Pat lo miraba con sus ojillos inyectados en sangre. Una desabrida mirada de campesino.

—¡Joder, Lonny, nosotros tenemos que pagar el material! ¿Qué dirías si los cabritos les pidieran a tus chicas que les dejaran follar a crédito? —Pat meneaba la cabeza—. Eres como todos. Lo único que os importa es meterlo por la vena. Uno tiene un sitio tranquilo adonde se puede venir y chutarse, y ¿qué le dan a cambio de tratarlos bien? En cuanto se lo han metido, todo les importa un rábano.

—¡Hombre, Pat, no es que quiera fastidiarte! Toma un dólar ahora y esta tarde te traigo el resto, ¿de acuerdo?

Pat cogía el dólar y se lo metía en el bolsillo sin decir palabra. Fruncía los labios con desaprobación.

Willy el Sifones se dejaba caer hacia las diez, en medio del reparto, se atizaba una cápsula y compraba otra para la noche. Dupré aparecía sobre las doce, al salir del trabajo. Estaba en el turno de noche. Los otros venían cuando lo necesitaban.

Joe Brandon, nuestro contacto, estaba en libertad bajo fianza. Tenía un juicio pendiente en un tribunal estatal por posesión de droga, que es un delito grave según las leyes de Louisiana. La acusación se basaba en pruebas circunstanciales, pues se había deshecho de la mierda antes de que la bofia pusiese su cuarto patas arriba. Pero no lavó la jarra en la que la guardaba. Los tribunales federales no aceptan casos en los que la acusación se basa en pruebas circunstanciales, y por eso se hizo cargo el estado. Esto, en Louisiana, es un procedimiento habitual. Cualquier caso demasiado endeble para un tribunal federal pasa a los del estado, que están dispuestos a juzgar cualquier cosa. Brandon confiaba en ganar el juicio. Tenía buenas relaciones en la maquinaria política y, en cualquier caso, las pruebas en que se basaba la acusación eran muy endebles. Pero el fiscal recurrió a los antecedentes de Brandon, que incluían una condena por homicidio, y le cayeron de dos a cinco años.

Pat encontró enseguida otro contacto y seguimos vendiendo. Un camello llamado Jonkers empezó a vender en la esquina de Exchange y Canal. Pat perdió unos cuantos clientes, que se pasaron a Jonkers. La verdad es que su material era mejor, y algunas veces yo también le compraba, o a su socio, un viejo tuerto llamado Richter. Pat siempre se daba cuenta, no sé cómo —era intuitivo como una madre posesiva—, y se pasaba dos o tres días cabreado.

Jonkers y Richter no duraron mucho. Canal y Exchange es uno de los sitios menos seguros de Nueva Orleans en cuestión de drogas. Un día desaparecieron, y Pat dijo:

—Ya verás como ahora muchos de esos tíos vuelven por aquí. Le dije a Lonny que si quería comprarle a Jonkers, que lo hiciera, pero que no volviese a mí después creyendo que le fiaría. Ya verás lo que le digo si vuelve. Y lo mismo al Blanco. También se pasó a Jonkers —y me dirigió una mirada torva.

Un día la encargada del hotel de Pat me paró en el vestíbulo y me dijo:

—Tenga mucho cuidado. La policía estuvo aquí ayer y registró la habitación de Pat de arriba abajo. Y se llevaron detenido al chico del camión de refrescos. Está en la cárcel.

Le di las gracias. Al poco rato llegó Pat. Me dijo que la pasma había enganchado a Willy el Sifones cuando salía del hotel. No le encontraron droga encima y se lo llevaron a la comisaría del Distrito Tercero para «una investigación a fondo». Lo tuvieron allí setenta y dos horas, que es el tiempo máximo que pueden retener a alguien sin hacer una acusación en regla.

Los polis registraron la habitación de Pat, pero la droga estaba escondida en el vestíbulo y no la encontraron. Pat dijo:

—Me dijeron que tienen información de que aquí hay un salón de pinchazos y que será mejor que me esfume, porque la próxima vez no fallarán y se me llevarán con ellos.

—Bien —dije—, será mejor dejarlo todo, menos a Dupré. Con él no hay peligro.

—A Dupré lo acaban de echar del trabajo —dijo Pat—. Y me debe veinte dólares.

Así que tuvimos que volver a peregrinar para conseguir la ración de cada día. Descubrimos que Lonny era ahora «el Hombre». Así eran las cosas en Nueva Orleans. Nunca se sabía quién iba a ser el próximo «Hombre».

Por aquella época se extendió por la ciudad una fiebre antiestupefacientes. El jefe de policía anunció:

—Estas medidas continuarán mientras quede un solo delincuente en nuestra ciudad.

El Parlamento del estado promulgó una ley que declaraba delito ser adicto a las drogas. No se especificaba en qué consistía exactamente ser «adicto a las drogas».

La pasma empezó a parar a los tipos con pinta de adictos por la calle y a examinarles los brazos para ver si tenían marcas de pinchazos. Si encontraban alguna, presionaban al adicto para que firmase una declaración en la que admitía su condición y así podían inculparlo bajo la «ley de adicción a las drogas». A estos adictos se les prometía que saldrían en libertad condicional si se declaraban culpables y ayudaban a poner en marcha la nueva ley. Los adictos rastreaban sus cuerpos hasta el último rincón en busca de venas para pincharse fuera de los brazos. Si la bofia no encontraba marcas, solía dejarlos marchar, sin más. Si las encontraba, los detenía durante setenta y dos horas e intentaba hacerles firmar una declaración.

El contacto mayorista de Lonny lo dejó y el nuevo «Hombre» pasó a ser un tipo llamado el Viejo Sam, que acababa de cumplir una condena de doce años. Operaba en un territorio alrededor de

Lee Circle, que era otra de las zonas más quemadas de Nueva Orleans, para droga o para cualquier otra cosa.

Un día que estaba sin un céntimo cogí una pistola, la envolví y me la llevé a la ciudad para empeñarla. Cuando llegué al cuarto de Pat había allí dos tipos. Uno era Red McKinney, un yonqui consumido y tullido; el otro, un marinero joven llamado Cole. Cole no era adicto a la droga por aquel entonces, y sólo quería conseguir un poco de hierba. Era fumeta. Me dijo que no podía pasárselo bien sin hierba. He conocido a mucha gente así. La hierba es para ellos lo que el alcohol para otros. No tienen necesidad física de fumar, pero les resulta imposible divertirse sin ello.

Yo tenía, por casualidad, cierta cantidad de hierba en casa. Cole aceptó comprarme cuatro cápsulas a cambio de veinticinco gramos de hierba. Nos fuimos a mi casa. Cole probó la hierba y dijo que era buena. Y salimos a buscar lo mío.

Red dijo que conocía a un camello en la calle Julia.

—Seguramente, lo encontraremos allí ahora.

Pat estaba sentado al volante de mi coche y daba una cabezada. Íbamos en el transbordador que va de Algiers, donde yo vivía, a Nueva Orleans. De repente, alzó la cabeza y abrió sus ojos sanguinolentos.

—Este barrio está muy quemado —dijo en voz alta.

—¿Y en qué otro sitio vamos a comprar? —dijo McKinney—. El Viejo Sam también anda por esta zona.

—Te digo que este barrio está demasiado quemado —repitió Pat. Miraba a su alrededor con aire resentido, como si encontrara extraño y desagradable lo que veía.

La verdad es que no había ningún otro sitio donde comprar. Pat condujo el coche, sin decir palabra, hacia Lee Circle. Al llegar a la calle Julia, McKinney le dijo a Cole:

—Dame el dinero, porque lo veremos aparecer de un momento a otro. Siempre da vueltas a esta manzana. Es un camello ambulante.

Cole le dio a McKinney quince dólares. Dimos tres vueltas a la manzana despacio, pero McKinney no vio al camello.

—Bueno, pues me parece que habrá que buscar al Viejo Sam —dijo McKinney.

Nos pusimos a buscarlo más arriba de Lee Circle. No estaba en la pensión en que vivía, vieja y destartalada. Dimos unas vueltas en coche lentamente. De cuando en cuando, Pat veía a algún conocido y paraba el coche. Nadie había visto al Viejo Sam. Algunos de los tipos a los que Pat preguntaba se limitaban a encogerse de hombros con poca amabilidad y a seguir su camino.

—Esta gente no nos dirá ni palabra —dijo Pat—. Les duele hacer un favor a alguien.

Aparcamos cerca de la pensión del Viejo Sam, y McKinney se bajó a comprar un paquete de cigarrillos en la esquina. Volvió a toda prisa y se metió en el coche.

—¡La pasma! —dijo—. ¡Hay que largarse de aquí!

Arrancamos y enseguida nos adelantó un coche patrulla. Vi que el poli que iba al volante nos miró y volvió a hacerlo, con repentino interés, al ver a Pat.

—Nos han cazado, Pat —dije—. ¡Sigue!

No hacía falta que se lo dijese. Aceleró y torció por la primera calle, en dirección a Corondolet. Me volví a Cole, que iba en el asiento de atrás:

—¡Tira la hierba! —le ordené.

—Un momento —replicó—, quizá podamos despistarlos.

—¿Estás loco? —dije.

Pat, McKinney y yo gritamos a coro:

—¡Tírala ahora mismo!

Ya estábamos en Corondolet, camino del centro. Cole tiró la hierba, que cayó debajo de un coche aparcado. Pat giró por la primera calle a la derecha, que era de dirección única. El coche patrulla bajaba por aquella misma calle, en dirección contraria y prohibida. Un viejo truco de la pasma. Estábamos atrapados. Oí que Cole gritaba:

—¡Joder, tengo otro canuto encima!

Los polis se bajaron con las manos en la pistola, pero sin sacarla. Se acercaron a nuestro coche. Uno de ellos, el que conducía, que era el que había reconocido a Pat, sonreía ampliamente.

—¿Dónde has conseguido el coche, Pat? —preguntó.

El otro poli abrió la puerta de atrás:

—¡Fuera todos! —dijo.

En el asiento trasero iban McKinney y Cole. Salieron y los

polis empezaron a cachearlos. El que había reconocido a Pat encontró enseguida el canuto en el bolsillo de la camisa de Cole.

–Aquí tengo lo suficiente para trincarlos a todos –dijo. Tenía la cara roja y fofa y no dejaba de sonreír ni un instante. Encontró la pistola en la guantera–. Una pistola de importación –dijo–. ¿Está registrada?

–Creía que eso sólo rezaba para las armas completamente automáticas –dije–, las que efectúan más de un disparo con una sola presión del gatillo.

–No –dijo el poli sonriente–, reza para todas las automáticas importadas.

Sabía que estaba en un error, pero no ganaría nada discutiendo con él. Me miró los brazos.

–Has estado hurgando tanto en este agujero, que está a punto de infectarse –dijo señalando una picadura de aguja.

Llegó el furgón y nos metieron a todos. Nos llevaron a la comisaría del Distrito Segundo. Los polis miraron los papeles de mi coche. No podían creerse que fuera mío. Fui registrado lo menos seis veces por distintas personas. Por fin, nos encerraron a todos en una celda de unos dos metros por dos y medio. Pat sonreía y se frotaba las manos.

–Va a haber unos cuantos drogadictos muy malitos en este antro –dijo.

Poco después un policía vino y me llamó. Me llevó a una habitación pequeña que daba a la sala de recepción de la comisaría. En el cuarto había dos detectives sentados ante una mesa. Uno era alto y gordo, con una gran cara de rana característica del Sur más profundo. El otro era un irlandés cuadrado, de mediana edad. Le faltaban unos cuantos dientes delanteros, lo que daba a su cara cierto aire leporino. Aquel tipo hubiera podido pasar sin dificultades por un gángster de la vieja escuela. No tenía ni pizca de burócrata.

Era evidente que el de la cara de rana llevaba la voz cantante. Me dijo que me sentase frente a él, al otro lado de la mesa. Empujó un paquete de cigarrillos y una caja de cerillas a través de la mesa y me dijo:

–Coge un pitillo.

El poli irlandés se sentaba al final de la mesa, a mi izquierda.

Estaba lo bastante cerca para poder sujetarme sin necesidad de levantarse. El que dirigía la cosa estudiaba los papeles de mi coche. Todo lo que me habían sacado de los bolsillos estaba extendido encima de la mesa, delante de él: un estuche de gafas, documentos de identidad, cartera, llaves, una carta de un amigo de Nueva York; todo, excepto mi navaja, que el patrullero sonriente se había guardado en el bolsillo.

De pronto, recordé aquella carta. El amigo de Nueva York era un fumeta que vendía hierba de vez en cuando. Me había escrito para preguntarme el precio en Nueva Orleans de la de buena calidad. Se lo pregunté a Pat, que me dijo que oscilaba alrededor de los noventa dólares el kilo. En su carta, mi amigo se refería a ese precio y decía que le parecía bien y que estaba dispuesto a comprar.

Al principio pensé que no se fijarían en la carta. Eran de la brigada de coches robados y querían un coche robado. Miraban y remiraban los papeles y me hacían preguntas. Cuando no podía recordar alguna fecha exacta referente al coche, me apretaban los tornillos. Parecía que estaban a punto de ponerse duros.

Finalmente, dije:

—Miren, sólo es cuestión de comprobarlo. En cuanto lo hagan, verán que les estoy diciendo la verdad y que el coche es mío. Hablando no va a haber manera de convencerlos. Desde luego, si lo que quieren es que diga que es un coche robado, lo haré. Pero luego, cuando hagan las comprobaciones, descubrirán que es mío.

—Muy bien, lo comprobaremos.

El de cara de rana dobló cuidadosamente los papeles del coche y los puso a un lado. Cogió el sobre y miró la dirección y el matasellos. Luego sacó la carta. La leyó en voz baja. Luego la leyó en voz alta, saltándose los párrafos en los que no se hablaba de hierba. Dejó la carta sobre la mesa y me miró.

—Así que no sólo fumas hierba, sino que la vendes —dijo—, y tienes un buen paquete escondido en alguna parte. —Miró la carta—. Unos noventa kilos. —Me miró—. Será mejor que cantes.

No dije nada.

El poli viejo, el irlandés, dijo:

—Es como todos esos tipos. No quiere hablar. Hasta que les machacan las costillas. Entonces hablan, y por los codos.

—Vamos a ir a echar una ojeada a tu casa —dijo el de la cara de rana–. Si encontramos algo, también meteremos a tu mujer en la cárcel.

–¿Por qué no le propones un arreglo? –dijo el poli viejo, el irlandés.

Sabía que si registraban mi casa encontrarían el material.

–Llame a los federales y le diré dónde está guardada –dije–, pero quiero que me dé su palabra de que el caso será juzgado por un tribunal federal y mi mujer no será molestada.

El poli de cara de rana asintió.

–Muy bien –dijo–, acepto tu propuesta. –Se volvió a su compañero–. Vete a llamar a Rogers –dijo.

A los pocos minutos volvió el poli viejo.

–Rogers está de viaje y no volverá hasta mañana, y Williams está enfermo.

–Bueno, pues llama a Hauser.

Salimos y nos metimos en un coche. El poli viejo conducía; el jefe, que por lo que dijo era capitán, iba detrás, conmigo.

–Aquí es –dijo el jefe.

El poli viejo tocó la bocina y paró el coche. De la casa salió un individuo que fumaba una pipa y se sentó en el asiento de atrás. Me echó un vistazo y luego desvió la mirada, siempre sin dejar de dar chupadas a su pipa. En la oscuridad me pareció joven, pero al pasar bajo una farola vi que tenía la cara arrugada y grandes ojeras. Llevaba el pelo muy corto; tenía cara de chico americano, una cara que había envejecido, pero era incapaz de madurar. Supuse que sería un agente federal.

Después de varias manzanas fumando en silencio, el agente se volvió hacia mí y se quitó la pipa de la boca.

–¿A quién le compras ahora? –preguntó.

–Es muy difícil encontrar proveedores –dije–. La mayoría han desaparecido del mapa.

Empezó a hacerme preguntas sobre qué gente conocía, y mencioné a unos cuantos que ya se habían esfumado. Pareció satisfecho con tan inútil información. Si no les quieres decir nada a los polis, acaban cascándote. Quieren que les cuentes algo, aunque no les sirva para nada.

Me preguntó si tenía antecedentes, y le conté lo de la receta de Nueva York.

—¿Cuánto te echaron? —preguntó.

—Nada. En Nueva York no es delito, sólo falta, según la Ley de Salud Pública. Según el artículo 334 de la Ley de Salud Pública, creo recordar.

—¡Se las sabe todas! —dijo el poli viejo.

El jefe le explicó al agente que yo parecía tener especial temor a los tribunales estatales y había llegado a un acuerdo conmigo para pasar el caso a los federales.

—Bueno —dijo el agente—, el capitán es así. Si le tratas bien, te trata bien. —Fumó durante un rato. Estábamos ya en el ferry de Algiers—. Hay dos maneras de hacer las cosas: la fácil y la difícil —dijo al fin.

Cuando llegamos a casa, el jefe me cogió por detrás del cinturón.

—¿Quién hay ahí, aparte de tu mujer?

—Nadie —le dije.

Llegamos a la puerta y el tío de la pipa le enseñó a mi mujer la chapa y le abrió. Les enseñé medio kilo de hierba que tenía en casa, y unas pocas cápsulas de droga. Pero el jefe no quedó satisfecho. Quería noventa kilos de hierba.

—No nos lo has enseñado todo, Bill —decía—. Venga, venga, nosotros nos hemos portado bien contigo.

Les dije que no tenía nada más.

El de la pipa me miró.

—Lo queremos todo —dijo.

Sus ojos traicionaban que, en el fondo, nada de todo aquello le importaba un comino. Estaba de pie bajo la lámpara. Su cara no sólo había envejecido, sino que también se había desgastado. Tenía la mirada de alguien que sufre una enfermedad incurable.

Le dije:

—Ya lo tienen todo.

Apartó la vista de mí, como si no supiera qué hacer, y comenzó a revolver cajones y armarios. Encontró algunas cartas viejas y las leyó agachado, en cuclillas. Me pregunté por qué no se sentaba en una silla. Era evidente que no quería estar cómodo mientras leía el correo de otra persona. Los dos polis de coches robados empezaban a aburrirse. Finalmente, recogieron la hierba, las cápsulas y un revólver del 38 que tenía en casa y nos preparamos para salir.

—Ahora su marido es propiedad del Tío Sam —le dijo el jefe a mi mujer al irnos.

Volvimos a la comisaría del Distrito Segundo y me encerraron. Esta vez me pusieron en una celda diferente. Pat y McKinney estaban en la de al lado. Pat me llamó y preguntó qué había pasado.

—Lo tienes jodido —dijo cuando se lo conté.

Pat le había dado diez dólares a un abogado borrachín para que lo sacase por la mañana.

En mi celda había cuatro desconocidos, tres de ellos yonquis. Sólo teníamos un camastro, que estaba ocupado, de manera que los demás teníamos que permanecer de pie o tumbarnos en el suelo. Me tumbé en el suelo junto a un tipo llamado McCarthy. Lo había visto merodeando por la ciudad. Llevaba dentro casi setenta y dos horas. Y, de vez en cuando, dejaba escapar un débil gruñido. Una vez dijo:

—¿Estamos en el infierno?

Para el yonqui, el tiempo está regulado por la droga. Cuando se corta el suministro, el reloj se retrasa y se para. Lo único que puede hacer es aguantarse y esperar que comience el tiempo sin droga. Un yonqui con el síndrome de abstinencia no tiene posibilidad de escapar del tiempo exterior, no tiene adónde ir. Sólo puede esperar.

Cole hablaba de Yokohama.

—Todo el caballo y la coca que quieras. Cuando te metes caballo y coca, hasta puedes oler cómo te coloca.

McCarthy gimió desesperado desde el suelo.

—¡Por favor —dijo—, no hables de esas cosas!

A la mañana siguiente nos llevaron a una rueda de reconocimiento. Un poco por delante de nosotros había un tipo que era epiléptico. Los polis estuvieron un buen rato tomándole el pelo a causa de su enfermedad.

—¿Cuánto tiempo llevas en Nueva Orleans?

—Treinta y cinco días.

—¿Y qué has hecho durante ese tiempo?

—Me he pasado treinta y tres en la cárcel.

Aquello les pareció gracioso, y siguieron dándole cuerda otros cinco minutos.

Cuando nos llegaba el turno, uno de los polis que vigilaban la cola nos leía las circunstancias de nuestro arresto.

—¿Cuántas veces has estado aquí? —le preguntó a Pat.

Otro poli se rió y dijo:

—¡Cientos!

Nos preguntaban a todos cuántas veces habíamos sido detenidos y cuánto tiempo nos había caído. Cuando me llegó el turno, me preguntaron qué sentencia había cumplido por lo de la receta de Nueva York. Les dije que nada, que me habían puesto en libertad condicional.

—Bueno —dijo el poli—, aquí también, ya verás.

De pronto se organizó un jaleo tremendo fuera de la sala donde tenía lugar la rueda de reconocimiento; se oyeron gritos y golpes, y pensé que le estaban dando madera al epiléptico. Pero cuando salí vi que estaba tirado en el suelo con un ataque y dos detectives trataban de sujetarlo y hablar con él. Otro salió a buscar un médico.

Nos encerraron en una celda. Un detective gordo, que parecía conocer a Pat, se acercó y se quedó delante de la puerta.

—Ese tío es un psicópata —dijo—. Ahora quiere que le lleven con su capitán. Un psicópata. He hecho llamar a un médico.

Después de dos horas, más o menos, nos volvieron a llevar a la comisaría, y allí esperamos un par de horas más. Hacia mediodía se presentó el agente de la pipa con otro individuo y se llevaron a unos cuantos de nosotros a las oficinas federales. El poli nuevo era joven y gordito. Mascaba un cigarro. Cole, McCarthy, dos negros y yo nos apretujamos en el asiento de atrás. El tipo del puro era el que conducía. Se quitó el cigarro de la boca y dijo, volviéndose hacia mí:

—¿A qué se dedica, señor Lee?

Lo dijo cortésmente, con tono de hombre educado.

—Soy granjero —contesté.

El hombre de la pipa se rió.

—Maíz con hierba entre los surcos, ¿eh? —dijo.

El del puro meneó la cabeza.

—No —dijo—. Entre el maíz no crece bien. Tiene que plantarse sola. —Se volvió hacia McCarthy, y le habló por encima del hombro—: Te voy a mandar al penal de Angola.

—¿Por qué, señor Morton? —preguntó McCarthy.

—Porque eres un jodido drogadicto.

—Yo no, señor Morton.

—¿Y todas esas señales de pinchazos?

—Es que tengo sífilis, señor Morton.

—Todos los yonquis tenéis sífilis —dijo Morton. Su tono era frío, condescendiente y divertido a la vez.

El de la pipa intentaba, sin el menor éxito, bromear con uno de los negros. Lo apodaban «el Garra», porque tenía una mano deforme.

—Qué, ¿el monito se te sube a la espalda? —le preguntaba el policía de la pipa.

—No sé de qué me habla —dijo el Garra. Era una afirmación terminante. No había insolencia en ella. No era adicto a la droga y se limitaba a decirlo.

Aparcaron delante de las oficinas federales y nos llevaron al cuarto piso. Allí esperamos en una antesala hasta que nos llamaron a un despacho, de uno en uno, para interrogarnos. Cuando me llegó el turno y entré, el tipo del cigarro puro estaba sentado ante una mesa. Me indicó una silla.

—Me llamo Morton —dijo—. Agente federal de la brigada de estupefacientes. ¿Quiere hacer una declaración? Como ya sabe, tiene derecho constitucional a rehusar. Naturalmente, acusarlo sin esa declaración lleva más tiempo.

Dije que haría la declaración.

El hombre de la pipa también estaba allí.

—Bill no se siente muy bien hoy —dijo—. A lo mejor un pinchacito de heroína lo pondría a tono.

—A lo mejor —dije. Empezó a hacerme preguntas, algunas tan fuera de lugar, que no podía creer lo que estaba oyendo. Era evidente que no tenía intuición policiaca. No sabía distinguir lo importante de lo que no lo era.

—¿Quiénes son tus contactos en Texas?

—No tengo ninguno.

Era la verdad.

—¿Quieres que metamos también a tu mujer en la cárcel?

Me sequé el sudor de la cara con un pañuelo y dije:

—No.

—Bueno, de todas maneras, va a ir a la cárcel. Usa bencedrina. Es peor que la droga. ¿Estáis casados legalmente?

—Vivimos juntos.

—Te he preguntado si estás casado con esa mujer legalmente.

—No.

—¿Has estudiado psiquiatría?

—¿Qué?

—Que si has estudiado psiquiatría.

Había leído una carta de un amigo mío psiquiatra. De hecho, se había llevado todas las cartas que encontró por casa cuando la registraron.

—No, no he estudiado psiquiatría. Es una afición, nada más.

—Tienes unas aficiones muy raras.

Morton se tumbó hacia atrás en su silla y bostezó.

El de la pipa cerró el puño de pronto y se dio un golpe en el pecho.

—Soy policía, ¿te enteras? —dijo—. Vaya a donde vaya me relaciono con otros policías. Tu negocio son las drogas, así que lo lógico es que conozcas a gente de tu mismo ambiente. No nos encontramos con tipos como tú de vez en cuando, los tenemos delante todos los días. No estás solo en este asunto. Tienes contactos en Nueva York, en Texas y aquí, en Nueva Orleans. Seguro que tenías algún asunto en marcha, algo que estaba al caer.

—Me parece que será mejor que mandemos al granjero este a cultivar la tierra en el penal de Angola, a no ser que nos pueda dar alguna información —dijo Morton.

—¿Y qué hay de ese negocio de coches robados? —dijo el de la pipa, que me había dado la espalda y se paseaba por la habitación.

—¿Qué negocio de coches robados? —pregunté, verdaderamente sorprendido. Algo más tarde recordé que había una carta de hacía cinco años que contenía una referencia a coches robados. El poli siguió y siguió. Se enjugaba la frente y recorría la habitación. Al fin, Morton lo interrumpió.

—Por lo que veo, señor Lee —dijo—, está dispuesto a admitir su culpabilidad, pero no a involucrar a nadie más, ¿correcto?

—Correcto —dije.

Se cambió el cigarro de lado.

—Bien —dijo—, eso es todo, de momento. ¿Cuántos nos quedan ahí fuera? —gritó.

Un agente asomó la cabeza.

—Cinco —dijo.

Morton hizo un gesto de exasperación.

—No tenemos tiempo. Tengo que estar en la audiencia a la una en punto. Tráigamelos a todos.

Todos los que esperaban entraron y se quedaron de pie frente a la mesa. Morton hojeó un montón de papeles. Miró a McCarthy y se volvió hacia un agente joven, con el pelo al cepillo.

—¿Hay algo contra él? —preguntó.

El agente meneó la cabeza y sonrió. Levantó un pie y le dijo a McCarthy:

—¿Ves este pie? Pues con él te voy a empapuzar la droga por el gaznate.

—Yo no ando con material, señor Morton —dijo McCarthy—, porque no quiero ir al penal.

—¿Y qué hacías en aquella esquina con todos esos yonquis?

—Pasaba por allí. Estaba dándole a la Regal, señor Morton. —Se refería a la cerveza Regal, una marca de Nueva Orleans—. Le pego a la Regal siempre que puedo. Mire. —Sacó unas cuantas tarjetas de la cartera y las enseñó como si fuera un prestidigitador preparando un número de cartas. Nadie las miró—. Soy camarero, aquí tengo el carné del sindicato. Puedo trabajar en el Roosevelt este fin de semana. Hay una convención. Es un buen asunto, así que, si me dejaran marcharme...

Se acercó a Morton con la mano tendida.

—Deme diez centavos para el autobús, señor Morton.

Morton le puso una moneda en la mano con una palmada.

—¡Lárgate de aquí de una puñetera vez! —dijo.

—¡La próxima vez te empapelaremos! —dijeron a coro los agentes, pero McCarthy ya había cruzado la puerta.

El agente joven con el pelo al cepillo se rió.

—¡Me juego algo a que no ha esperado el ascensor!

Morton recogió sus papeles y los metió en un portafolios.

—Lo siento —dijo—, pero no puedo seguir tomando declaraciones hasta esta tarde.

–Ya he llamado al furgón –dijo el individuo de la pipa–. Los llevaremos a la comisaría del Distrito Tercero y los meteremos en el calabozo.

En la comisaría del Distrito Tercero nos metieron a Cole y a mí en la misma celda. Éramos sus únicos ocupantes. Me tumbé en el camastro. Sentía un dolor agudo en los pulmones, como si me los estuvieran despellejando. El síndrome de abstinencia afecta a la gente de maneras distintas. La mayor parte de los yonquis sufren, sobre todo, vómitos y diarrea. Los de tipo asmático, de pecho estrecho y hundido, suelen tener accesos violentos de estornudos, flujo de nariz y ojos, y, en algunos casos, espasmos de los tubos bronquiales que les impiden respirar. En mi caso, lo peor es la bajada de tensión arterial y la consiguiente pérdida de líquido en el cuerpo, y una debilidad extrema, como cuando tienes un shock. Es una sensación como si la energía vital hubiera dejado de fluir y todas las células del cuerpo se estuvieran ahogando. Mientras permanecía tendido en el camastro me sentía como si mi cuerpo se desmoronara y se convirtiera en un montón de huesos.

Estuvimos en la comisaría del Distrito Tercero unas tres horas, y luego los polis nos metieron en el furgón y nos llevaron a la cárcel de Parish, no sé por qué razón. El hombre de la pipa se reunió con nosotros en Parish y nos llevó a la oficina federal.

Un burócrata de edad indefinida, sin rostro, me dijo que era el jefe de la oficina de Nueva Orleans. ¿Quería hacer una declaración?

–Sí –dije–. Escríbala y la firmaré.

No es que su cara fuera vaga o careciera de expresión, es que, sencillamente, no existía. Lo único que recuerdo de esa cara es que llevaba gafas. Llamó a un taquígrafo y se dispuso a dictar la declaración. Se volvió hacia el tipo de la pipa, que estaba sentado en otro escritorio, y le preguntó si había algo especial que quisiera hacer constar en la declaración.

El de la pipa dijo:

–Bueno, no, eso es lo que hay.

El burócrata jefe pareció pensar en algo.

–Un minuto –dijo. Se llevó al de la pipa a otro despacho. Volvieron después de unos minutos y el burócrata siguió con la declaración. En ella admitía la posesión de la hierba y la heroína que habían encontrado en mi casa.

Me preguntó cómo había adquirido la heroína.

Le dije que había ido al cruce de Exchange y Canal y se la había comprado a un camello.

—¿Y qué hizo luego?

—Volví a casa.

—¿En su propio coche?

Me di cuenta de lo que pretendía, pero no tuve energía suficiente para decir: «He cambiado de idea, no quiero hacer ninguna declaración.» Además, tenía miedo de tener que pasar otro día con el mono en la comisaría. Así que respondí:

—Sí.

Por fin, firmé también una declaración aparte en la que reconocía que tenía la intención de declararme culpable de los cargos que me imputaban ante un tribunal federal. Me volvieron a llevar a la comisaría del Distrito Segundo. Los agentes me aseguraron que comparecería ante el juez a primera hora del día siguiente.

—Te encontrarás mejor dentro de cinco días. Lo único que puede calmarte es el tiempo, o un pinchazo —me había dicho Cole.

Eso ya lo sabía, naturalmente. Nadie está dispuesto a soportar el síndrome de abstinencia, a menos que lo hayan metido en la cárcel o su suministro se haya cortado de alguna otra manera. La razón de que sea prácticamente imposible desengancharse de la droga y curarse por sí mismo estriba en que el síndrome de abstinencia dura de cinco a ocho días. Doce horas podrían resistirse con facilidad, veinticuatro cabe dentro de lo posible, pero de cinco a ocho días es demasiado tiempo.

Permanecí tumbado en el estrecho camastro, revolviéndome de un lado para otro. Tenía el cuerpo en carne viva, contraído, tumefacto, mi carne helada por la droga se descongelaba haciéndome sentir dolores agónicos. Me puse boca abajo y una pierna se me escurrió fuera del camastro. Me eché hacia delante y el borde redondeado de la madera, pulido y suavizado por el roce de mil cuerpos, se deslizó a lo largo de mi entrepierna. Hubo un repentino fluir de sangre a los genitales a causa de ese ínfimo contacto. En mi cabeza, tras los ojos, estallaron miríadas de chispas, las piernas se me dispararon: el orgasmo del ahorcado, cuando se le parte el cuello.

Un policía abrió la puerta de mi celda.

—Tu abogado viene a verte, Lee —dijo.

El abogado me miró durante un rato antes de presentarse. Se lo habían recomendado a mi mujer, y yo no lo había visto antes. El policía nos guió hacia un cuarto grande, en el piso de arriba, en el que había bancos.

—Veo que no está en la mejor disposición para hablar en este momento —empezó el abogado—. Ya entraremos en detalles más adelante. ¿Ha firmado algo?

Le conté lo de la declaración.

—Eso ha sido para quedarse con su coche —dijo—. Van a presentar la acusación ante un tribunal estatal. Hace una hora he hablado por teléfono con el fiscal federal del distrito y le he preguntado si iba a llevar su caso. Me ha contestado: «¡Ni pensarlo! En este caso está involucrada una confiscación ilegal, y mi oficina no piensa hacerse cargo de él en ninguna circunstancia.» Creo que podré sacarlo y llevarlo al hospital para que le pongan una inyección —dijo después de una pausa—. El policía que está ahora en recepción es un buen amigo mío. Bajaré a hablar con él.

El policía me llevó de vuelta a mi celda. A los pocos minutos abrió la puerta de nuevo y dijo:

—Lee, ¿quieres ir al hospital?

Dos polis me llevaron al Hospital de la Caridad en el furgón. La enfermera de recepción quiso saber qué me pasaba.

—Es una urgencia —dijo uno de los polis—. Se cayó por una ventana.

El poli pasó adentro y volvió con un médico joven, macizo, pelirrojo y con gafas de montura de oro. Me hizo unas cuantas preguntas y me examinó los brazos. Otro médico, de nariz grande y brazos velludos, se acercó a poner su granito de arena.

—Después de todo, doctor —le dijo a su colega—, es una cuestión moral. Este hombre debía haber pensado a lo que se exponía antes de drogarse.

—Sí, es una cuestión moral, pero también es una cuestión médica. Este hombre está enfermo.

Se volvió a una enfermera y le pidió una dosis de morfina.

De vuelta a la comisaría en el traqueteante furgón, sentí que la morfina se extendía por todas mis células. Mi estómago se movía y gruñía. Cuando tienes un síndrome de abstinencia muy intenso, los primeros efectos de un pinchazo son siempre los movimientos del estómago. La energía normal regresaba a todos mis músculos. Tenía hambre y sueño.

Hacia las once de la mañana siguiente, apareció un fiador para que firmara la fianza. Tenía el mismo aspecto embalsamado de todos los fiadores, como si le hubiesen inyectado parafina debajo de la piel. Tige, mi abogado, se presentó a las doce, para sacarme. Había arreglado las cosas para que fuese directamente a un sanatorio a hacer una cura. Me dijo que la cura era imprescindible desde el punto de vista legal. Fuimos hasta el sanatorio en un coche de la policía, con dos policías de paisano. Esto formaba parte del plan del abogado, en el que los policías tenían el papel de eventuales testigos.

Al detenernos delante del sanatorio, el abogado se sacó unos cuantos billetes del bolsillo y se dirigió a uno de los polis.

—Apuéstamelos a ese caballo que tú sabes, ¿quieres? —dijo.

Los ojos de sapo del policía reventaban de indignación. No hizo ademán de coger el dinero.

—No voy a apostar ningún dinero a ningún caballo —dijo.

El abogado se rió y dejó el dinero sobre el asiento del coche.

—Mack lo hará —dijo.

Esta aparente falta de tacto al sobornar a los polis delante de mí era deliberada. Cuando le preguntaron luego cómo se le había ocurrido hacerlo, les dijo: «¡Pero, hombre, si ese chaval estaba demasiado enfermo para enterarse de nada!» Y así, si los polis eran convocados como testigos, dirían que yo parecía estar en muy malas condiciones. El abogado quería testigos que afirmasen que estaba en muy malas condiciones cuando firmé mi declaración.

Un celador recogió mi ropa y me tumbé en la cama esperando que me dieran un pinchazo. Mi mujer vino a verme y me contó que los del sanatorio no tenían ni idea de drogas ni de drogados.

—Cuando les dije que estabas enfermo, me preguntaron: «¿Qué le pasa?», y les expliqué que tenías el síndrome de abstinencia y necesitabas una inyección de morfina, y me dijeron que habían creído que se trataba de un caso de adicción a la marihuana.

—¡Adicción a la marihuana! —dije—. ¿Y eso qué coño es? Averigua qué piensan darme —le dije—. Necesito una cura de desintoxicación. Si no piensan hacerme eso, sácame de aquí inmediatamente.

Volvió al poco rato y me contó que por fin había encontrado un médico, por teléfono, que parecía saber de qué iba la cosa. Era el médico del abogado, que no pertenecía al sanatorio.

—Pareció sorprendido cuando le dije que no te habían dado nada. Dijo que llamaría enseguida al sanatorio para procurar que se ocupasen de ti como es debido.

Pocos minutos después llegó una enfermera con una jeringa. Era demerol. El demerol ayuda algo, pero no es ni remotamente tan efectivo como la codeína para aliviar el síndrome de abstinencia. Por la noche vino un médico a hacerme un reconocimiento físico. Mi sangre estaba espesa y concentrada debido a la pérdida de fluido corporal. En las cuarenta y ocho horas que llevaba sin droga había adelgazado cinco kilos. El médico tardó veinte minutos en poder sacarme una jeringa de sangre para hacer un análisis, porque estaba tan espesa que se coagulaba en la aguja constantemente.

A las nueve de la noche me pusieron otra dosis de demerol. No me hizo ningún efecto. Generalmente, el tercer día y la tercera noche de síndrome de abstinencia son los peores. Después del tercer día, los síntomas empiezan a remitir. Sentía un intenso cosquilleo por toda la superficie del cuerpo, como si mi piel recubriera un apiñado enjambre de abejas, o como si millares de hormigas se arrastrasen bajo mi dermis.

Es posible distanciarse de la mayor parte de las sensaciones dolorosas —las lesiones en dientes, ojos y genitales presentan las mayores dificultades— de forma que el dolor sea experimentado como una excitación neutra. Pero del síndrome de abstinencia no parece haber escapatoria. El síndrome de abstinencia es lo contrario del bienestar que causa la droga. El bienestar que da la droga *es* que tienes que tener droga. Los yonquis viven en un tiempo y con un metabolismo marcados por la droga. Están sujetos al clima que establece la droga. Es ella la que les hace sentir frío o calor. El bienestar que da la droga es vivir según las condiciones que fija la droga. Del mismo modo que no puedes escapar del síndrome de abstinencia, no puedes escapar del bienestar que te hace sentir la droga después de un pinchazo.

Me encontraba demasiado débil para levantarme de la cama. No podía permanecer quieto. Cuando tienes el síndrome de abstinencia, tan intolerable resulta hacer lo que sea como no hacer nada. Un hombre podría morirse, simplemente, por no ser capaz de soportar la idea de permanecer dentro de su cuerpo.

A las seis de la mañana me dieron otro pinchazo, que pareció surtir cierto efecto. Luego me enteré de que no era de demerol. Incluso pude tomar un poco de café y una tostada.

Cuando más tarde vino a verme mi mujer, me contó que estaban ensayando conmigo un nuevo tratamiento. Ese tratamiento había comenzado con la inyección de la mañana.

–Noté la diferencia. Creí que lo de esta mañana era morfina.

–Hablé con el doctor Moore por teléfono. Me dijo que es la medicina milagrosa que buscaban para el tratamiento de la drogodependencia. Elimina los síntomas del síndrome de abstinencia sin crear adicción. No es un estupefaciente, sino un antihistamínico. Creo que la llamó Thephorin.

–Es decir, que el síndrome de abstinencia sería una reacción de tipo alérgico.

–Eso dice el doctor Moore.

El médico que recomendó el tratamiento era el de mi abogado. No pertenecía al sanatorio ni era psiquiatra. A los dos días pude hacer una comida completa. Los efectos del antihistamínico duraban de tres a cinco horas, y entonces volvía el malestar. Los pinchazos me calmaban como si fuera droga.

Cuando me levanté y empezaba a pasear, vino a hablar conmigo un psiquiatra. Era muy alto. Tenía largas piernas y cuerpo grueso, en forma de pera con el extremo estrecho hacia arriba. Sonreía al hablar y tenía voz aflautada. No era afeminado. Sencillamente, no tenía nada de lo que, sea lo que sea, hace de un hombre un hombre. Era el doctor Fredericks, jefe psiquiátrico del sanatorio.

Me hizo la pregunta que hacen todos:

–¿Por qué siente la necesidad de consumir droga, señor Lee?

Cuando se oye esta pregunta, se puede estar completamente seguro de que quien la hace no sabe absolutamente nada de la droga.

–La necesito para salir de la cama por las mañanas, para afeitarme y para tomar el desayuno.

–Quiero decir físicamente.

Me encogí de hombros. Lo mejor habría sido darle la respuesta que quería, para que se fuera: «Me causa placer.»

La droga no causa placer. Para un yonqui, la droga es importante porque es lo que causa la adicción. Nadie sabe lo que es la droga hasta que tiene el síndrome de abstinencia.

El médico asintió. *Personalidad psicopática.* Se levantó. Bruscamente, cambió de cara y arboló una sonrisa obviamente dirigida a mostrar su comprensión y diluir mi reticencia. Esa sonrisa se fue esfumando y se transformó en una mueca lúbrica y demente. Se inclinó hacia delante y colocó su sonrisa junto a mi cara.

–¿Su vida sexual es satisfactoria? –preguntó–. ¿Sus relaciones sexuales con su mujer son satisfactorias?

–¡Oh, sí! –respondí–. Cuando no estoy drogado.

Se enderezó. Mi respuesta no le había gustado en absoluto.

–Muy bien, volveré a visitarlo.

Enrojeció y se fue hacia la puerta, avergonzado. Me di cuenta de que era un farsante en cuanto entró en la habitación –era evidente que montaba aquel número de seguridad en sí mismo para él y para los demás–, pero esperaba que mantuviera su pose con más energía.

El médico le explicó a mi mujer que mi pronóstico era muy malo. Mi actitud ante la droga era «Bueno, ¿y qué?». Podía preverse una recaída porque los condicionamientos psíquicos de mi adicción no habían variado. No podía hacer nada por mí si yo no cooperaba voluntariamente. Si conseguía mi cooperación, podría, al parecer, desarmar mi psique y volverla a armar en ocho días.

Los demás pacientes eran de lo más vulgar y triste. No había ningún otro yonqui. El único paciente de mi pabellón que sabía qué era ser adicto a algo era un borracho que llegó con la mandíbula rota y varias heridas más en la cara. Me dijo que los hospitales públicos lo habían rechazado. En el de la Caridad le dijeron: «¡Largo de aquí, lo está ensuciando todo de sangre!» De modo que decidió ir al sanatorio, donde ya había estado antes y sabían que era buen pagador.

Los demás eran un puñado de gente sin interés, unas completas nulidades. Del tipo que les gusta a los psiquiatras. Del tipo al que los doctores Fredericks pueden impresionar. Había un hombrecillo pálido, delgado, de carne exangüe, casi transparente. Parecía un lagarto frío y debilitado. Se quejaba de los nervios y se pasaba la mayor parte del día vagabundeando por los pasillos, arriba y abajo, diciendo: «¡Dios mío, Dios mío, ni siquiera me siento humano!» Era un personaje que no tenía siquiera la concentración necesaria para mantenerse entero, y su organismo estaba siempre a punto de desintegrarse, de que sus componentes fundamentales se desmembraran.

La mayoría de los pacientes eran viejos. Te miraban con ojos de vaca moribunda, confundidos, resentidos, estúpidos. Había unos pocos que nunca salían de su habitación. Un joven esquizofrénico llevaba las manos atadas delante con una venda, para que no molestara a los demás pacientes. Un sitio deprimente lleno de gente deprimente.

Cada vez tenía menos necesidad de las inyecciones, y a los ocho días empecé a pasar sin ellas. Cuando puede aguantar veinticuatro horas sin el pinchazo, decidí que era hora de marcharme.

Mi mujer fue a ver al doctor Fredericks y lo encontró en el pasillo, delante de su despacho. Él le dijo que debía quedarme otros cuatro o cinco días.

—Todavía no lo sabe —dijo el doctor—, pero a partir de ahora se le suprimirán las inyecciones.

—Ya lleva veinticuatro horas sin tomar ninguna —le dijo mi mujer.

El doctor enrojeció vivamente. Cuando pudo hablar, dijo:

—De todas formas, aún puede tener síntomas del síndrome de abstinencia.

—No parece muy probable después de diez días, ¿no cree?

—Nunca se sabe —dijo el médico. Y se alejó antes de que ella pudiera responderle.

—¡Que se vaya al cuerno! —le dije—. No necesitamos su testimonio. Tige quiere que su propio médico testifique sobre mi estado de salud. No quiero ni pensar lo que este payaso podría decir ante el tribunal.

El doctor Fredericks tuvo que firmar mi alta del hospital. Permaneció en su despacho y una enfermera le llevó el papel para que lo firmase allí. Naturalmente, puso: «Alta voluntaria desoyendo la prescripción facultativa.»

Eran las cinco de la tarde cuando salimos del hospital y tomamos un taxi a la calle Canal. Me metí en un bar y me tomé cuatro whiskies con soda que me proporcionaron un agradable bienestar etílico. Estaba curado.

Cuando atravesé el porche de mi casa y abrí la puerta, tuve la sensación de que regresaba de una larga ausencia. Volvía al mismo punto del tiempo que había dejado, un año atrás, cuando me pegué el primer chute «sin ánimo de recaer en la adicción», por puro pasatiempo, con Pat.

Cuando una cura de desintoxicación es completa, uno se encuentra bien, por lo general, unos pocos días. Se puede beber, se puede tener hambre auténtica y experimentar placer comiendo, y el deseo sexual retorna. Todo parece distinto, más nítido. Después, sobreviene una tremenda depresión. Todo es un esfuerzo: vestirse, levantarse de una silla, agarrar un tenedor... Uno no quiere hacer nada ni ir a ningún sitio. Ni siquiera quiere droga. El ansia de droga ha desaparecido, pero no hay nada que ocupe su lugar. Es preciso armarse de paciencia y esperar que pase ese periodo. U olvidarse de ello trabajando. El trabajo en el campo es la mejor cura.

Pat apareció por allí en cuanto se enteró de que había salido. ¿Quería un pinchacito? Uno solo no le hace daño a nadie. Podía obtener un buen precio por diez cápsulas o más. Dije que no. No hace falta fuerza de voluntad para decir que no a la droga cuando se está desenganchado. No apetece.

Además, me iban a juzgar en un tribunal estatal de Louisiana, y allí las condenas por droga se acumulan como las de cualquier clase de delito grave. Dos condenas por droga pueden hacer que te caigan siete años con facilidad, y también es posible que te juzguen por una en un tribunal del estado y por la otra en un tribunal federal, de modo que al salir de la penitenciaría del estado te encuentras a los federales esperándote a la puerta. Y si cumples la condena federal primero, serán los del estado los que te esperarán a la salida.

Estaba seguro de que la pasma se moría de ganas de empapelarme después de la metedura de pata que cometieron haciéndose pasar por federales y yendo a registrar mi casa sin mandato judicial. Tenía las manos libres para dar mi versión de lo que había pasado, puesto que no había firmado ninguna declaración que me comprometiera. Los del estado no podían presentar la declaración que me habían hecho firmar para los federales sin que saliera a la luz el arreglo que había hecho conmigo aquel artista del juego limpio que había resultado ser el capitán gordo. Pero como pudieran conseguir una nueva acusación contra mí, se me caería el pelo.

Por lo general, un yonqui va directamente en busca de un camello en cuanto sale de un lugar de confinamiento. La bofia estaría esperando que hiciera eso, y seguro que vigilaban a Pat. De manera que le dije que iba a procurar pasar inadvertido hasta que se resolviera del todo el asunto. Me pidió prestados dos dólares y se fue.

Unos días después estaba tomándome una copa en los bares de la zona de la calle Canal. Cuando un yonqui se emborracha, llega un momento en que su pensamiento se vuelve hacia la droga. Fui al lavabo en uno de los bares, y vi una cartera sobre el soporte del papel higiénico. Es una sensación increíble encontrar dinero. Abrí la cartera y cogí uno de veinte, otro de diez y otro de cinco. Decidí ir a otro bar para utilizar el lavabo de verdad y me marché dejando un martini entero.

Subí a la habitación de Pat.

Me abrió la puerta y dijo:

–¡Hola, muchacho, me alegro de verte!

Había otro hombre, sentado en la cama, que se volvió hacia la puerta cuando entré.

–¡Hola, Bill! –dijo.

Tuve que mirarlo más de tres segundos hasta reconocer a Dupré. Parecía más viejo y más joven. Sus ojos ya no estaban mortecinos y había adelgazado diez kilos. Se le retorcía la cara a intervalos regulares como si fuera de una materia muerta que estuviese volviendo a la vida, todavía de un modo brusco y mecánico. Cuando podía conseguir toda la droga que quería, Dupré parecía muerto y anónimo, tanto, que no se le habría podido distinguir entre un grupo de gente, o reconocerlo de lejos. Ahora su imagen resultaba nítida y precisa. Si alguien que fuera andando deprisa por una calle repleta de gente se hubiera cruzado ahora con Dupré, su cara se le habría quedado grabada en la memoria, como ocurre en ese juego de manos en que el prestidigitador pasa las cartas rápidamente mientras dice: «Elija una, la que quiera», y te deja precisamente la que ha escogido en la mano.

Cuando podía conseguir toda la droga que quería, Dupré era muy callado. Ahora hablaba por los codos. Me dijo que había llegado a meter tanto la mano en el cajón, que le echaron. Y ahora no tenía dinero para droga. No podía reunir ni siquiera lo suficiente para pagarse un poco de elixir paregórico o unas anfetas para ir tirando. Hablaba y hablaba y hablaba.

—Antes sí que podía, antes de la guerra todos los polis me conocían. No sé cuántas setenta y dos horas pasé en la comisaría del Distrito Tercero. Entonces era el Distrito Primero. Bueno, vosotros ya sabéis lo que se siente cuando se empieza a estar sin material. —Se señaló los genitales apuntando con todos los dedos y después volvió la mano con la palma hacia arriba. Era un gesto muy claro, como si hubiera cogido aquello de lo que estaba hablando y lo sostuviera en la palma de su mano para mostrarlo—. Se te pone dura y te corres en los pantalones. Incluso sin que se te ponga dura. Me acuerdo una vez en que compartía calabozo con Larry. Conoces a ese chico. No hace mucho andaba vendiendo. Le dije: «Oye, Larry, tienes que hacerme un favor.» Se bajó los pantalones. Sabes que no podía menos que hacerlo por mí.

Pat se estaba buscando una vena. Frunció los labios en un gesto de desaprobación.

—Habláis como unos degenerados.

—¿Qué pasa, Pat? —le dije—. ¿No puedes pincharte?

—No —dijo. Puso el torniquete más abajo, en la muñeca, para pincharse una vena de la mano.

Más tarde fui al despacho de mi abogado para hablar de mi caso y preguntarle si podía irme del estado, al valle del Río Grande, en Texas, donde tenía una granja de mi propiedad.

—En esta ciudad está más quemado que un tizón —me dijo Tige—. Tengo permiso del juez para que salga del estado. Puede irse a Texas cuando quiera.

—Es posible que haga un viaje a México —dije—. ¿Puedo ir?

—Mientras esté de vuelta para el juicio, no hay nada que se lo impida. Otro cliente mío se fue a Venezuela y, que yo sepa, sigue allí. No volvió.

Tige era un tipo difícil de entender. ¿Quería decirme que no volviera? Cuando parecía que hacía las cosas torpemente o no les daba importancia, siempre estaba siguiendo un plan. Algunos de sus planes eran a muy largo plazo. Muchas veces elaboraba un plan, veía que no iba a ninguna parte y lo abandonaba. A pesar de ser un hombre inteligente, tenía algunas ideas increíblemente tontas. Por ejemplo, cuando le dije que había estudiado medicina en Viena (seis meses) contestó:

—Estupendo. Entonces, vamos a decir que, como ha estudiado medicina, confiaba en que sus conocimientos médicos le permitirían curarse de su adicción, y con esa intención compró la droga que encontraron en su poder.

Pensé que eso era demasiado gordo para que nadie se lo tragase.

—No me parece buena idea ir de demasiado culto. A los jurados no les gusta la gente que ha estudiado en Europa.

—Bueno, podría salir con la corbata floja y fingir un fuerte acento del Sur.

Me imaginé mentalmente como un campesino de pega que hablaba con un acento del Sur que sonaba a falso. Hacía veinte años que había decidido no ser un hombre normal y corriente, sin vergüenza ni dignidad. Le dije que esa clase de números no iban conmigo, y nunca volvió a hablarme de ello.

El derecho penal es una de las pocas profesiones en las que el cliente compra la buena suerte de otra persona. La buena suerte de la mayoría de las personas es estrictamente intransferible. Pero un buen abogado criminalista puede venderle toda su buena suerte a un cliente, y cuanta más buena suerte venda, más tendrá para vender.

Dejé Nueva Orleans pocos días después y me dirigí al valle del Río Grande. El Río Grande desemboca en el Golfo de México en Brownsville. A cien kilómetros aguas arriba de Brownsville se encuentra la ciudad de Mission. Entre Brownsville y Mission el valle es una franja de terreno de cien kilómetros de largo por treinta y cinco de ancho. Son tierras regadas por el Río Grande.

Antes de que se iniciaran los regadíos, sólo crecían en ellas mezquites y cactos. Ahora constituyen una de las zonas agrícolas más ricas de los Estados Unidos.

Una carretera de tres carriles enlaza Brownsville con Mission, y a lo largo de su recorrido se alinean como cuentas los pueblos del valle. No hay en él ciudades propiamente dichas, pero tampoco es una zona rural. Es un vasto suburbio de sencillas casitas. El valle es liso como una tabla. Allí no crece nada más que cultivos de cítricos y de palmeras traídos de California. Cada tarde empieza a soplar un viento seco y ardiente que dura hasta el anochecer. El valle es el país de los cítricos. Crecen en él unos pomelos rosados y rojos que no se dan en ninguna otra parte. El país de los cítricos es un país que ha sido promocionado por los agentes inmobiliarios, un país de centros turísticos que te «dan la bienvenida» y de personas ancianas que vegetan a la espera de la muerte. En conjunto, el valle tiene el aspecto provisional de un campamento, o de un carnaval. Muy pronto, quienes mordieron el anzuelo se morirán y los avispados promotores se irán a buscar incautos a otra parte.

Durante los años veinte, los agentes inmobiliarios llevaban al valle trenes enteros de posibles compradores, y los animaban a coger los pomelos de los árboles y a comérselos allí mismo. Se dice que uno de los primeros promotores de la zona hizo construir un gran lago artificial para vender mejor las parcelas que había a su alrededor. «El lago regará sus cultivos de cítricos.» Así que vendió la última parcela, desapareció, el lago se secó, y los compradores de los terrenos se quedaron con un palmo de narices y en medio del desierto.

Según los agentes inmobiliarios, comprar un terreno sembrado de cítricos y una casita es la mejor inversión para las personas mayores que quieren retirarse y disfrutar de la vida. El propietario del campo no tiene que hacer nada. Una asociación de cultivadores de cítricos se ocupa de él, comercializa la cosecha y le entrega un cheque a su dueño. Pero la verdad es que los cítricos son un negocio arriesgado para el pequeño inversor. A veces hay periodos de rendimientos elevados, sobre todo para la fruta de color rosado o rojo rubí. Pero un productor a pequeña escala no puede resistir los años en que los precios son bajos o la cosecha escasa.

Una premonición de catástrofe inminente flota sobre el valle. Hay que sacar todo el dinero que se pueda antes de que ocurra algo, antes de que la mosca negra eche a perder la fruta, antes de que se supriman los subsidios al algodón, antes de la inundación, del huracán, de la helada, de la larga temporada de sequía en que no hay una gota de agua para regar, antes de que la patrulla de fronteras corte el flujo de temporeros mexicanos ilegales. La amenaza del desastre es omnipresente, pertinaz e inquietante como el viento de la tarde. El valle era un desierto, y volverá a serlo. Entre tanto, debes procurar sacar todo el dinero posible mientras tengas tiempo.

Los ancianos que se sientan en las oficinas de las agencias inmobiliarias dicen: «Bueno, esto no es nada nuevo. Lo he visto antes. Recuerdo que en el 28...»

Sin embargo, un factor nuevo, algo que nadie había visto antes, está cambiando ese ambiente familiar de desastre como si fuera el insidioso comienzo de una enfermedad, de modo que nadie puede decir cuándo empezó exactamente.

La muerte es la ausencia de vida. Allí donde la vida desaparece, se instalan la muerte y la descomposición. Sea lo que fuere –los orgones, la fuerza vital– lo que hace que seamos capaces de seguir adelante, poco de ello queda en el valle. La comida se pudre antes de que la lleves a casa. La leche se vuelve agria antes de que termines de comer. El valle es un lugar donde la nueva fuerza contraria a la vida progresa sin cesar.

La muerte flota sobre el valle como una niebla invisible. Ese lugar ejerce un curioso magnetismo sobre los moribundos. Las células que se mueren gravitan hacia el valle:

Gary West era de Minneapolis. Había ahorrado veinte mil dólares durante la guerra gracias a una vaquería. Con este dinero compró campos y una casa en el valle. Sus tierras estaban en el extremo más alejado de Mission, donde terminan los regadíos y empieza el desierto. Dos hectáreas de pomelos de color rojo rubí y una casa de estilo español de los años veinte. Allí se instaló con su madre, su esposa y sus dos hijos. Sus ojos tenían la mirada asombrada, asustada y resentida de la persona que siente en sus células la agitación de una enfermedad fatal. Todavía no estaba enfermo, pero sus células buscaban la muerte, y él lo sabía. Quería venderlo todo y dejar el valle.

—Aquí siento claustrofobia. Hay que ir muy lejos para salir del valle —decía a menudo.

Empezó a imaginar toda clase de proyectos. Una plantación de algodón en Mississippi, cultivos de verduras de invierno en México. Volvió a Minnesota y compró una participación en una empresa que criaba ganado vacuno estabulado. Lo hizo con la paga y señal de la venta de sus terrenos en el valle. Pero no podía permanecer lejos de él. Se debatió como un pez que ha mordido el anzuelo hasta que la fuerza de sus células moribundas se impuso y el valle lo atrajo hacia sí como el carrete enrolla el sedal. Probó con varias enfermedades. Una infección de la garganta se le extendió al corazón. Mientras yacía en el Hospital McAllen se comportaba como si fuera un hombre de negocios impaciente por sanar y volver al trabajo. Sus proyectos eran cada vez más absurdos.

—Ese hombre está loco —decía Roy, su agente inmobiliario—. No sabe lo que quiere.

Por aquel entonces, sólo el valle tenía existencia real para West. Ya no pensaba en marcharse. Hablaba de cualquier otro lugar como si su existencia fuera meramente imaginaria. Al escucharlo, tenías la horripilante sensación de que ciudades como Milwaukee no existían. Sin embargo, se recuperó y fue a ver una granja para la cría de ovejas que ofrecían a buen precio en Arkansas. Volvió al valle y empezó a construirse una casa tras pedir un préstamo. Algo les pasó a sus riñones, y su cuerpo se hinchó a causa de la retención de orina. Su aliento y su piel olían a orina. «¡Tiene un ataque de uremia!», exclamó el médico cuando entró en la habitación, que apestaba a orines. West tuvo un acceso convulsivo y murió. Le dejó a su esposa tal montón de documentos relativos a las transacciones comerciales que había llevado a cabo entre Milwaukee y el valle, que tardará diez años en ponerlos en orden.

Todas las cosas más desagradables de los Estados Unidos parecen haber sido arrastradas hacia el valle como por una riada para concentrarse allí. No hay un solo buen restaurante en toda la zona. La situación, por lo que se refiere a la comida, sólo puede ser tolerada por gente a la que no le importe lo que come. En el valle los restaurantes no los llevan cocineros ni restauradores. Los abre alguien que decide que «la gente siempre tiene que comer» y que un restaurante es un «buen negocio». Y pone un local con una gran fachada de cristal, para que la gente vea el interior, y muchas molduras cromadas. Lo que se sirve allí es bazofia de restaurante de comida rápida. Y, al final, el dueño se sienta en su establecimiento y contempla a los clientes con ojos desconcertados y resentidos. No comprende cómo se le ocurrió abrir un restaurante, con la cantidad de cosas que podía hacer. Es un negocio que ni siquiera da dinero.

Mucha gente ganó dinero rápidamente y con facilidad durante los años de la guerra y la inmediata posguerra. Cualquier negocio era bueno, del mismo modo que cuando la Bolsa está en alza todos los valores son buenos. La gente creía tener vista de lince para los negocios, cuando lo único que tenía era la suerte de que la coyuntura le resultara favorable. Ahora el valle pasa por un mal momento, y sólo los peces gordos pueden sobrevivir. En el valle las leyes económicas son tan impersonales como las fórmulas algebraicas que enseñan en el bachillerato, ya que no hay ningún elemento humano que pueda modificarlas. Los muy ricos son cada vez más ricos, y el resto va camino de la bancarrota. Los grandes negociantes no son astutos, ni despiadados, ni emprendedores. No necesitan decir o pensar nada. Todo lo que tienen que hacer es quedarse sentados y esperar que el dinero les llueva a espuertas. Tienes que ponerte al nivel de los grandes negociantes o abandonar la partida y aceptar cualquier trabajo que te quieran dar. La clase media se ha de apretar cada vez más el cinturón, y sólo uno entre mil de los que han nacido en su seno levantará cabeza. Los grandes negociantes son la banca, y los pequeños agricultores son los jugadores que tratan de hacerla saltar. El jugador se arruina si sigue jugando, y el agricultor debe jugar o exponerse a ser llevado a los tribunales por no pagar los vencimientos de los préstamos. Los grandes negociantes son dueños de todos los bancos del valle, y cuando un agricultor no puede pagar, los bancos se quedan sus bienes. Muy pronto, los grandes negociantes poseerán todo el valle.

El valle es como una mesa en la que se juega a los dados con honradez y en la que ninguno de los jugadores tiene la vitalidad suficiente para influir en el resultado de las tiradas, de modo que ganan o pierden por puro azar. Nunca le oyes decir a nadie: «Era inevitable», y si lo dicen, es que hablan de alguna defunción. Un acontecimiento que «resulta inevitable» puede ser bueno o malo, pero es algo definitivo, y no vale la pena lamentarlo ni volver sobre él una y otra vez. Dado que todo lo que ocurre en el valle –excepto la muerte– es obra del azar, sus habitantes siempre están volviendo al pasado igual que aquel jugador que había perdido dos dólares en el hipódromo y volvía a casa en tren: «Debí haber seguido cultivando aquellas cuarenta hectáreas a orillas del río; debí aceptar la oferta de hacer prospecciones petrolíferas; debí plantar algodón en vez de tomates.» Un gemido nasal se eleva del valle, un multitudinario murmullo de tontas lamentaciones y desesperación.

Cuando llegué al valle estaba todavía en la etapa que sigue a la desintoxicación. No tenía apetito ni energía. Lo único que quería era dormir, y dormía de doce a catorce horas al día. De vez en cuando, compraba un par de frascos de veinticinco miligramos de elixir paregórico, me los bebía con dos anfetas y me encontraba bien unas cuantas horas. Para comprar el elixir paregórico hay que firmar un recibo, y no quería quemarme demasiado en las farmacias. No conviene comprarlo con una frecuencia excesiva, para que el farmacéutico no sospeche. Podría negarse a servírtelo, o subir el precio.

Hice sociedad con un amigo llamado Evans para comprar maquinaria, contratar a un agricultor experto y cultivar algodón. Teníamos seis hectáreas de plantas de algodón. En buena tierra, el algodón puede dar veinticinco balas por hectárea, y el gobierno de los Estados Unidos subvencionaba cada bala con ciento cincuenta dólares. Así pues, confiábamos en conseguir unos ingresos brutos, al precio que se cotizaba entonces el algodón en el mercado, de 22.000 dólares. El experto se encargaba de todas las labores agrícolas. Evans y yo nos pasábamos de vez en cuando por nuestros campos de algodón para ver qué aspecto tenían. Nos llevaba casi una hora recorrerlos, porque estaban dispersos alrededor de Edingburg, en la parte del valle más próxima al río. Realmente, no había ninguna necesidad de que fuéramos a supervisar los cultivos, porque ni Evans ni yo teníamos la menor noción de agricultura. Simplemente, conducíamos hasta allí para matar el rato hasta las cinco de la tarde, cuando empezábamos a beber.

Cada tarde, cinco o seis amiguetes nos reuníamos en casa de

Evans. A las cinco en punto, uno de nosotros golpeaba una sartén mientras gritaba estentóreamente: «¡La hora del bebercio! ¡La hora del bebercio!», y todos nos lanzábamos al ataque como luchadores de lucha libre al oír la campana. Para economizar, usábamos alcohol mexicano en vez de ginebra. Los martinis hechos con ese alcohol tenían un sabor horrible, y había que llenar el vaso de cubitos, pues de lo contrario se calentaba antes de que pudieras metértelo entre pecho y espalda. Cuando hacía calor no era capaz de beber un martini aunque estuviera hecho como Dios manda, así que me preparaba un trago largo con azúcar, lima, sifón y una pizca de quinina, para que tuviera un sabor parecido al de la ginebra con tónica. Por aquel entonces, en el valle nadie había oído hablar del agua tónica.

Aquel verano hizo un tiempo perfecto para el crecimiento del algodón. Cálido y seco un día tras otro. Empezamos la recolección después del Cuatro de Julio, y para el primero de septiembre toda la cosecha estaba embalada. Salimos algo mejor parados de lo que esperábamos. Pero los altos costes de explotación, así como el no menos alto coste de la vida –calculé que me costaba unos setecientos dólares al mes vivir en el valle, sin criada ni coche–, se llevaron casi todos los beneficios. Decidí que había llegado la hora de decirle adiós al valle.

A principios de octubre recibí una carta de la agencia de fianzas en la que me decían que mi juicio se vería dentro de cuatro días. Llamé a Tige y me dijo:

–No haga caso; pediré un aplazamiento.

A los pocos días recibí una carta de Tige en la que me decía que había conseguido un aplazamiento de tres semanas, pero que no creía que pudiera retrasar el juicio otra vez.

Le llamé por teléfono y le dije que iba a hacer un viaje a México. Me dijo:

–Estupendo, magnífico. Diviértase todo lo que pueda esas tres semanas, pero vuelva para el juicio.

Le pregunté qué probabilidades había de obtener otro aplazamiento.

Me dijo:

–La verdad, no muchas. No hay nada que hacer con este juez. Tiene una úlcera que le da la lata.

Decidí dar los pasos necesarios para quedarme en México en cuanto llegara allí.

Tan pronto como estuve en México, empecé a buscar droga. O, por lo menos, siempre iba con los ojos bien abiertos, por si se presentaba ante mí de improviso. Como ya dije antes, huelo los barrios donde la hay. La primera noche iba paseando por la calle Dolores y vi un grupo de yonquis chinos delante de un tugurio chino, el Exquisito Chop Suey. Tratar con los chinos es difícil. Sólo hacen negocios con otro chino. De manera que pensé que intentar comprarles droga a aquellos individuos era perder el tiempo.

Un día iba por San Juan de Letrán y pasé frente a una cafetería que tenía una fila de azulejos de colores alrededor de la puerta de entrada y el suelo del mismo material. Resultaba evidente que aquel lugar era frecuentado por gente procedente del Próximo Oriente. Al pasar, alguien salió de allí. Era un tipo de los que sólo ves en los aledaños de los ambientes de droga.

Lo mismo que un geólogo que busca petróleo se guía por ciertas señales en las rocas, quien desee encontrar droga debe estar al acecho de algunos signos especiales que indican su proximidad. Se encuentra a menudo junto a los barrios ambiguos o de transición: en la calle 14 Este cerca de la Tercera Avenida en Nueva York; en Poydras y Saint Charles en Nueva Orleans; en San Juan de Letrán en México. Tiendas que venden piernas ortopédicas, fabricantes de pelucas, mecánicos dentales, talleres en pisos donde se fabrican perfumes, cosméticos, artículos de fantasía, aceites esenciales. Cualquier lugar en el que los negocios dudosos se entremezclan con los barrios chinos.

Hay cierta clase de personas que se ven ocasionalmente por esos vecindarios, las cuales tienen conexión con la droga, aunque no son ni adictos ni vendedores. Pero en cuanto las ves, la aguja del indicador se mueve, la horquilla se dobla. La droga está cerca. El lugar de origen de esas personas es el Próximo Oriente, probablemente Egipto. Tienen la nariz recta y ancha. Los labios finos y amoratados, como los de un pene. La piel de la cara tirante y suave. Básicamente, son repugnantes, con independencia de la vileza, de los actos o prácticas que puedan realizar. Llevan la señal de un determinado comercio u ocupación que ya no existe. Si la droga desapareciese de la tierra, probablemente seguiría habiendo yonquis que vagaran por los barrios de la droga sintiendo el fantasma pálido, vago, persistente de la falta de droga, del síndrome de abstinencia.

Esa clase de personas andan por los lugares en los que en otro tiempo ejercieron su incalificable comercio, hoy caído en desuso. Inmutables. Sus ojos negros tienen la calma de un insecto ciego. Parece como si se alimentasen de la miel y los jarabes de Levante que fueran absorbiendo a través de su trompa.

¿Cuál es esa actividad perdida? Sin la menor duda, algún tipo de servidumbre que tuvo que ver con la muerte, aunque no la de un embalsamador. Quizá esas personas almacenen en su cuerpo alguna cosa –una sustancia para prolongar la vida– de la que son ordeñadas periódicamente por sus amos. Están especializadas en realizar, como un insecto, alguna función de inconcebible vileza.

Visto desde fuera, el Bar Chimú se parece a cualquier otro, pero nada más entrar ves que estás en un bar de maricas.

Pedí una copa en la barra y miré alrededor. Tres maricones mexicanos hacían posturitas delante de la gramola. Uno de ellos se deslizó hacia mí con gestos estilizados, como una bailarina de un templo, y me pidió un cigarrillo. Había algo arcaico en aquellos movimientos estilizados, una gracia de animal depravado, bello y repulsivo a la vez. Podía imaginármelo contoneándose a la luz de los fuegos de campamento, haciendo gestos ambiguos que se difuminaban en la oscuridad. La homosexualidad es tan antigua como la especie humana. Uno de los maricones estaba sentado a una mesa junto a la gramola, absolutamente inmóvil y con la serenidad de un animal estúpido.

Me volví para ver de cerca al chico que se había aproximado. No estaba mal. Le pregunté:

–*¿Por qué triste?**

No era una frase brillante, pero no estaba allí para charlar.

El chico sonrió y mostró unas encías muy rojas y unos dientes agudos y muy separados. Se encogió de hombros y dijo algo así

* Las expresiones en cursiva seguidas de asterisco están en español en el original. (*N. de los T.*)

como que no estaba triste o no lo estaba especialmente. Eché una mirada en derredor.

–*Vámonos a otro lugar** –dije.

El chico asintió. Bajamos por la calle hasta un restaurante abierto toda la noche, y nos sentamos a una mesa. El muchacho puso su mano sobre mi pierna bajo la mesa. Sentí que se me hacía un nudo en el estómago de la excitación. Me tomé el café de un trago y esperé impaciente a que el chico se terminase su cerveza y fumase un cigarrillo.

El chico conocía un hotel. Pasé cinco pesos a través de una ventanilla enrejada. Un viejo abrió la puerta de una habitación y dejó caer una toalla andrajosa sobre una silla.

–¿*Llevas pistola?** –me preguntó el muchacho. Estaba seguro de que me la había visto. Dije que sí.

Doblé los pantalones y los coloqué sobre una silla. Puse encima de ellos la pistola. Y dejé la camisa y los calzoncillos sobre el arma. Me senté desnudo en el borde de la cama y contemplé cómo se desnudaba el muchacho. Dobló su gastado traje azul con mucho cuidado. Se quitó la camisa y la colocó sobre la chaqueta en el respaldo de una silla. Tenía la piel suave y del color del cobre. Se quitó los calzoncillos, se volvió a mirarme y me dirigió una sonrisa. Se acercó y se sentó junto a mí en la cama.

Pasé una mano suavemente por su espalda mientras con la otra reseguía la curva de su pecho y su liso abdomen cobrizo. El muchacho me sonrió y se tumbó en la cama. Más tarde nos fumamos un cigarrillo; nuestros hombros se tocaban bajo la ropa de la cama. El chico dijo que tenía que irse. Nos vestimos. Me pregunté si esperaría que le diera dinero. Decidí que no. Ya fuera, nos separamos en una esquina y nos dimos la mano.

Poco tiempo después, en el mismo bar, conocí a un muchacho llamado Ángel. Nos vimos, de modo más o menos intermitente, durante dos años. Cuando estaba colgado, me pasaba meses sin ir en su busca, pero, en cuanto me desenganchaba, siempre me tropezaba con él nada más salir a la calle. En México tus deseos se hacen realidad como por arte de encantamiento. Cuando quieres ver a alguien, se materializa.

En cierta ocasión, iba en busca de algún muchacho, pero sin

éxito, y, cansado, me senté en uno de los bancos de piedra de la Alameda. Notaba la suavidad de la piedra a través de los pantalones, y sentía en mis riñones un dolor semejante al que te causa una muela cariada, aunque más leve, un dolor distinto de cualquier otro dolor. De repente, mientras estaba sentado y recorría ansiosamente el parque con la mirada, me invadió una sensación de calma y felicidad y me sentí en plena comunión con la Gran Ciudad; supe con certeza que aquella noche me tiraría a un chaval. Y así fue.

Ángel tenía cara de oriental; hubiera podido pasar por japonés de no haber sido por su piel cobriza. No era maricón, y le pagaba por sus servicios; siempre la misma cantidad: veinte pesos. A veces no los tenía, pero me decía: «*No importa.*»* Siempre insistía en barrer mi apartamento o el lugar donde pasábamos la noche juntos.

Después de conocer a Ángel, no volví por el Bar Chimú. En México o en los Estados Unidos, los bares de maricones me repatean.

El significado de *mañana* es: «Espera hasta que la situación sea favorable.» Si tienes necesidad de comprar droga y acosas a personas a las que no conoces, lo único que conseguirás es que te roben y, con bastante probabilidad, que la pasma se te eche encima. Pero, si esperas, la droga llegará hasta ti si así lo deseas.

Llevaba varios meses en Ciudad de México. Un buen día, fui a ver al abogado que había contratado para que me consiguiera el permiso de residencia. Un hombre de mediana edad, bastante mal arreglado, esperaba a la puerta de su bufete.

–Todavía no ha llegado –me dijo. Lo miré de arriba abajo. Era un yonqui veterano, de eso no cabía la menor duda. Y comprendí que él también me había calado.

Charlamos hasta que llegó el abogado. El yonqui había ido allí para venderle unas cuantas medallas. El abogado le había encargado que le llevara una docena a su bufete.

Después de entrevistarme con el abogado, le pregunté al yonqui si querría cenar conmigo, y fuimos a un restaurante en San Juan de Letrán.

El yonqui me pidió que le contara mi vida, y se lo expliqué todo. Levantó la solapa de su chaqueta y me enseñó una aguja hipodérmica que llevaba clavada en la parte inferior.

—Soy yonqui desde hace veintiocho años —me dijo–. ¿Quieres comprar?

En México no hay más que un camello: Lupita. Lleva veinte años en el negocio. Empezó con un gramo de droga, y sobre ese gramo levantó el monopolio del negocio de la droga en Ciudad de México. Lupita pesaba ciento treinta kilos y decidió empezar a consumir droga para adelgazar, pero sólo le adelgazó la cara, y el resultado no es demasiado positivo. Cada mes, poco más o menos, busca un nuevo amante, le regala camisas, trajes y relojes de pulsera y luego, en cuanto se cansa de él, le da la patada.

Lupita soborna para operar abiertamente, como si tuviese una tienda de ultramarinos. No tiene que preocuparse de los chivatos, porque hasta el último policía del Distrito Federal sabe que vende droga. Tiene a punto el instrumental en frascos con alcohol para que los yonquis vayan a su establecimiento, se pinchen y salgan limpios de polvo y paja. Cuando un poli necesita dinero para tomarse una cerveza, va hasta el negocio de Lupita y espera a que salga alguien, con la esperanza de que lleve encima una papelina. Por diez pesos, el poli le deja marcharse. Por veinte, hasta le devuelve la droga. De vez en cuando, un ciudadano mal aconsejado empieza a vender papelinas de mejor calidad a mejor precio, pero no dura mucho. Lupita tiene una oferta permanente: diez papelinas gratis a cualquiera que la avise de la presencia de otro vendedor en el Distrito Federal. Entonces, Lupita llama a uno de sus amigos de la brigada de estupefacientes y detienen a su competidor.

Lupita también hace de perista. Si alguno da un buen golpe, lanza sus tentáculos para saber quién o quiénes están en el asunto. Los ladrones le venden al precio que ella marca, porque, si no, se chiva a la bofia. Se entera de todo lo que pasa en los bajos fondos de la Ciudad de México mientras permanece sentada repartiendo papelinas como una diosa azteca.

Lupita vende su material en papelinas. Se supone que es heroína. En realidad, es pantopon cortado con azúcar, leche en polvo o cualquier otra porquería que al final parece arena y se queda sin disolver en la cuchara después de calentarla.

Empecé a comprar las papelinas de Lupita por medio de Ike,

el veterano yonqui al que conocí en el bufete del abogado. Por aquel entonces llevaba tres meses sin probar la droga. En sólo tres días volví a estar colgado.

Un adicto puede llevar diez años sin probar la droga, pero es fácil que vuelva a estar colgado en menos de una semana; sin embargo, alguien que no sea adicto necesitará dos pinchazos al día durante dos meses para quedar enganchado. Yo me inyecté una dosis diaria durante cuatro meses antes de sentir los primeros síntomas del síndrome de abstinencia. Es posible enumerar los síntomas del síndrome de abstinencia, pero la sensación que se siente es única, imposible de describir con palabras. No experimenté este síndrome de abstinencia tan intenso hasta después de haberme enganchado por segunda vez.

¿Por qué un adicto queda enganchado con mucha mayor rapidez que un neófito, aunque haya estado descolgado durante años? No acepto la teoría de que la droga impregna el organismo de modo permanente –se supone que se acumula sobre todo en la médula espinal– y está siempre al acecho, ni me satisface ninguna de las respuestas psicológicas. Creo que el uso de la droga causa una alteración celular permanente. Una vez yonqui, siempre yonqui. Puedes dejar de consumir droga, pero nunca te desenganchas del todo.

Cuando mi mujer se dio cuenta de que volvía a engancharme, hizo algo que nunca había hecho antes. Estaba calentando un pinchazo, a los dos días de haber conocido al bueno de Ike, cuando mi mujer agarró la cuchara y tiró la droga al suelo. Le crucé la cara dos veces y se tiró sobre la cama, sollozando. Luego se volvió y me dijo:

–¿Es que no piensas hacer nada? En cuanto estás colgado, te apagas por completo. Es como si se hubieran apagado todas las luces. ¡Oh, bueno, haz lo que te dé la gana! Estoy segura de que, de todas maneras, tienes más escondida.

Tenía más escondida.

Las papelinas de Lupita costaban quince pesos cada una. Eran como la mitad de fuertes que una cápsula de dos dólares, que era aproximadamente el mismo precio en los Estados Unidos. Si se está colgado, se necesitan como mínimo dos papelinas de ésas para conseguir alivio, sólo para conseguir alivio y nada más. Para colocarse de verdad harían falta cuatro. Me pareció un precio abusivo, teniendo en cuenta que en México todo era más barato y había supuesto que podría conseguir droga a precio de saldo. Pero el hecho era que pagaba el doble que en casa por un material de peor calidad. Ike me dijo:

—Tiene que cobrar muy caro, porque ha de comprar a la bofia.

Así que le pregunté:

—¿Es posible conseguir recetas?

Me dijo que los matasanos solamente podían recetar morfina en solución. La cantidad más elevada que podían prescribir era ciento cincuenta miligramos. Decidí que saldría mucho más barato que lo de Lupita, y empezamos a atacar a los matasanos. Localizamos a unos cuantos que estaban dispuestos a extender una receta por cinco pesos, y por cinco más nos la despachaban.

Una receta puede durarte un día, si tu adicción no es demasiado intensa. El problema es que es más fácil encontrar quien te extienda la receta que quien te la sirva. Y cuando das con una farmacia que te la suministra, a menudo el farmacéutico roba la droga y pone agua destilada en su lugar. O no tiene morfina en ese momento y pone en la botella lo primero que encuentra en sus anaqueles. Incluso me han dado en vez de morfina unos polvos que no se disuelven en ningún líquido. Habría muerto si me hubiera inyectado esa porquería.

Los matasanos mexicanos no son como los de Estados Unidos. Nunca te montan el número del profesional. El que está dispuesto a firmarte, te firma sin que le tengas que colocar ningún rollo. En Ciudad de México hay tantos médicos, que muchos de ellos no sacan ni para comer. Conozco unos cuantos que se morirían de hambre si no vendieran recetas de morfina. No tienen pacientes, a menos que incluyas a los yonquis en esa categoría.

Yo pagaba la droga de Ike y la mía, y eso era mucho dinero.

Le pregunté qué posibilidades había de vender en Ciudad de México. Dijo que era imposible.

—No durarías ni una semana. Seguro que conseguirías un montón de clientes dispuestos a pagarte quince pesos por un pinchazo de morfina de la buena, como la que nos dan con las recetas. Pero en cuanto estén sin dinero y se despierten con el síndrome de abstinencia, acudirán corriendo a Lupita y se lo contarán a cambio de unas cuantas papelinas. O, si los trinca la bofia, hablarán como cotorras. A algunos no tendrán ni que preguntarles. Dirán inmediatamente: «Suélteme y le cuento quién anda vendiendo droga.» Y la bofia lo manda a comprarte un pico con dinero marcado, y ya está. Te joden sin remisión. Son ocho años por vender material, y aquí no hay fianzas.

»Ya han venido a verme algunos: "Ike, sabemos que estás sacando recetas. Toma cincuenta pesos y consígueme una." A veces traen relojes buenos o trajes. Pero les digo que lo he dejado. Me podría sacar doscientos pesos al día, pero no duraría ni una semana.

–¿Y no se podrían encontrar cinco o seis buenos clientes?

–Conozco a todos los yonquis de México. Y no me fiaría de ninguno de ellos. De ninguno.

Al principio nos despachaban las recetas sin demasiados problemas. Pero a las pocas semanas las recetas se acumulaban en las farmacias dispuestas a vender morfina, y empezaron a no querer darnos más. Parecía que no iba a haber más remedio que volver a Lupita. Una o dos veces nos quedamos secos y tuvimos que comprarle a ella. La morfina de las farmacias era buena y había hecho subir la dosis que necesitábamos para sentirnos bien, de modo que debíamos tomar dos papelinas de Lupita, a quince pesos cada una, para conseguir el mismo efecto. Y treinta pesos por pinchazo era bastante más de lo que podía pagar. Tenía tres opciones: desengancharme, reducir la dosis hasta poder pasar con dos papelinas de Lupita al día o encontrar otra fuente de aprovisionamiento.

Uno de los médicos que extendía recetas le sugirió a Ike que solicitara un permiso del gobierno. Ike me explicó que el gobierno mexicano daba permisos a los drogadictos para suministrarles una cantidad determinada de morfina a precio de mayorista. El médico estaba dispuesto a tramitarle una solicitud a Ike por cien pesos. Le dije: «Adelante. Apúntate», y le di el dinero. No tenía muchas esperanzas de que el asunto funcionase, pero funcionó. Diez días más tarde, Ike ya tenía un permiso del gobierno para comprar quince gramos de morfina al mes. El permiso tenía que ir firmado por el médico particular y por el jefe del Consejo de Sanidad. Luego se iba con él a una farmacia y te vendían la droga.

El precio andaba por los dos dólares el gramo. Me acuerdo de la primera vez que le despacharon el permiso. Una caja entera de morfina en forma de cubos. El sueño de un yonqui. Nunca había visto tanta morfina junta en mi vida. Yo ponía el dinero y nos repartíamos la mercancía. Siete gramos al mes me permitían ponerme unos ciento ochenta miligramos al día, más de lo que nunca había tenido en los Estados Unidos. Así fue como pude disponer de droga abundante por treinta dólares al mes; en los Estados Unidos, la misma cantidad me habría costado trescientos.

En todo ese tiempo no entré en contacto con ningún yonqui de Ciudad de México. La mayoría de ellos consiguen el dinero para su droga robando. Siempre tienen a la policía detrás. Son un hatajo de soplones. Venderían a quien fuera a cambio de una papelina. Nada bueno puede sacarse del trato con gente así.

Ike no robaba. Se las arreglaba vendiendo pulseras y medallas que parecían de plata. Tenía que alejarse rápidamente de sus clientes, porque su falsa plata se ponía negra en cuestión de horas. Una o dos veces lo detuvieron, acusado de fraude, pero siempre lo saqué pagando. Le dije que se buscara un negocio que fuese absolutamente legal, y empezó a vender crucifijos.

Ike había sido mechero en los Estados Unidos y decía que había llegado a sacarse más de cien dólares al día en Chicago, con una maleta provista de un muelle en la que iba metiendo los trajes. Uno de los laterales de la maleta era abatible, se cerraba automáticamente por medio de ese muelle. Todo lo que sacaba se lo gastaba en coca y morfina.

Pero en México no quería robar. Decía que hasta los mejores ladrones se pasan la mayor parte del tiempo a la sombra. En México, los delincuentes habituales pueden ser enviados a la prisión de las Tres Marías sin juicio. No existen los ladrones de clase media, de camisa y corbata, que se las apañan bien, como en los Estados Unidos. Hay ladrones a gran escala, con influencia en los medios políticos, y raterillos que se pasan media vida en la cárcel. Los ladrones a gran escala suelen ser jefes de policía y altos funcionarios. Ése es el panorama de México, e Ike no tenía influencias para operar a gran escala.

Un yonqui al que veía de vez en cuando era un yucateco de

piel oscura al que Ike llamaba el Hijoputa Negro. El Hijoputa Negro también se dedicaba al negocio de los crucifijos. Era muy religioso; todos los años iba en peregrinación a Chalma, y andaba de rodillas el último medio kilómetro de camino, sobre guijarros, entre dos personas que le ayudaban y sujetaban. Después de eso, estaba servido para un año.

Nuestra Señora de Chalma es, a lo que parece, la patrona de los yonquis y los delincuentes de poca monta, porque todos los clientes de Lupita iban allí en peregrinación una vez al año. El Hijoputa Negro alquila un puesto cerca de la iglesia y vende papelinas de droga cortada abusivamente con azúcar glaseada.

Veía al Hijoputa Negro de vez en cuando, y sabía de sus andanzas por Ike, que lo odiaba como solamente un yonqui puede odiar a otro.

–El Hijoputa Negro quemó esa farmacia. Iba allí diciendo que lo mandaba yo. Y ahora el farmacéutico no quiere servirme más recetas.

Así iba pasando el tiempo para mí. A finales de mes, por lo general, andábamos un poco cortos de material, y teníamos que agenciarnos unas recetas. Siempre me invadía una gran sensación de inseguridad cuando andaba sin material, y una agradable sensación de seguridad cuando tenía en mi poder y a buen recaudo aquellos siete gramos.

Una vez a Ike le cayeron quince días en la cárcel municipal –que llaman el Carmen– por venta ambulante sin permiso. Estaba sin pasta, así que no pude pagar la multa, y no me fue posible ir a verlo hasta pasados tres días. Su cuerpo se había encogido, los huesos de su cara parecían ir a reventar la piel y sus ojos pardos brillaban de dolor. Yo llevaba un poco de opio envuelto en celofán escondido debajo de la lengua. Lo escupí dentro de media naranja y se lo pasé. A los veinte minutos, estaba colocado.

Miré alrededor y me di cuenta de que los drogadictos formaban un grupo claramente definido, igual que los maricones que se exhibían en una esquina del patio. Los yonquis estaban juntos, agrupados, hablando de sus cosas y haciendo el gesto característico de los yonquis.

Todos los yonquis llevan sombrero, si lo tienen. Todos parecen iguales; es como si, de alguna forma que resulta imposible de definir con exactitud, llevasen un traje idéntico. La droga los ha marcado con su sello indeleble.

Ike me contó que los presos suelen robarles los pantalones a los novatos.

—Esto está lleno de indeseables.

Vi que varios individuos andaban en ropa interior. El director hacía detener a las mujeres y los parientes que les llevaban droga a los presos, y les quitaban todo lo que tenían.

Cazaron a una mujer que le llevaba una papelina a su marido, pero no tenía más que cinco pesos. Le quitaron el vestido y lo vendieron por quince pesos, y la mujer se volvió a su casa envuelta en una sábana vieja.

La cárcel estaba llena de soplones. Ike tenía miedo de guardar el opio que le llevé, por si alguno de los otros presos se lo quitaba o le denunciaba.

Empecé a quedarme en casa metiéndome tres o cuatro picotazos al día. Por hacer algo, me matriculé en la Universidad de México. Los estudiantes me parecieron un montón de infelices, pero, en realidad, no me fijaba demasiado en ellos.

Cuando se pasa revista a un año de adicción a la droga, parece haber transcurrido en un santiamén. Solamente destacan los periodos en que has tenido el síndrome de abstinencia. Recuerdas los primeros pinchazos, cuando empezabas a engancharte, y los que te calmaron en los momentos en que estabas realmente mal a causa del mono.

(Hasta en México hay días en los que todo sale mal. La farmacia está cerrada, o el dependiente que te atiende habitualmente tiene el día libre, el matasanos ha salido de la ciudad para ir a alguna fiesta, y no puedes comprar.)

Estábamos a final de mes. Se me había acabado la droga y tenía el síndrome de abstinencia. Esperaba que Ike volviera de ir a buscar una receta de morfina. El yonqui se pasa la mitad de su vida esperando. En casa había un gato al que habíamos recogido y alimentado, un gato gris, feo. Lo cogí, me lo puse en el regazo y empecé a acariciarlo. Trató de saltar al suelo, y lo estreché más contra mí. Se puso a maullar y forcejeaba tratando de escapar.

Bajé la cara hasta tocar la fría nariz del gato con la mía, y levantó una pata, como si quisiera arañarme. No tenía intención de hacerlo, sólo pretendía intimidarme, y el hecho es que no me tocó. Sin embargo, fue suficiente para mí. Extendí el brazo para alejar de mí al animal todo lo posible y lo sostuve por el pescuezo mientras con la mano libre lo abofeteaba repetidas veces. El gato chillaba y me clavaba las uñas, y, de repente, se meó en mis pantalones. Seguí golpeándolo; tenía las manos llenas de sangre a causa de los arañazos. El gato consiguió zafarse de mi mano y se fue corriendo al retrete; podía oír cómo gemía y suspiraba, lleno de terror.

«¡Voy a acabar contigo, cabrón!», me dije, y cogí un grueso bastón. El sudor me corría por la cara. Temblaba de excitación. Me pasé la lengua por los labios y me dirigí al retrete, atento para impedirle cualquier intento de huida.

En ese momento intervino mi mujer, y bajé el bastón. El gato salió disparado del retrete y escapó corriendo escaleras abajo.

Cuando podía comprarla, Ike me traía cocaína. La cocaína es difícil de encontrar en México. Antes no había probado ninguna que fuera buena. La cocaína es fabulosa. Te coloca inmediatamente, con un colocón mecánico que empieza a desaparecer en cuanto lo sientes. No conozco nada mejor que la cocaína para colocarse, pero sus efectos sólo duran unos diez minutos. Y entonces necesitas otro pinchazo. Cuando te chutas cocaína, tienes que chutarte más morfina para equilibrar el colocón de la cocaína y eliminar sus efectos indeseables. Sin morfina, la cocaína te pone demasiado nervioso, y la morfina es también un antídoto contra una posible sobredosis. No hay tolerancia con la cocaína, y el margen entre una dosis normal y una dosis tóxica es muy estrecho. Varias veces me inyecté demasiada y lo vi todo negro y el corazón parecía ir a volvérseme del revés. Por suerte, un pinchazo de morfina, de la que siempre tenía abundante provisión, eliminaba los síntomas de sobredosis.

La droga es una necesidad biológica cuando estás colgado, una boca invisible. Cuando te inyectas una dosis de droga quedas saciado, como si acabaras de hacer una comilona. Pero con la cocaína necesitas otro chute en cuanto sus efectos empiezan a disiparse.

Si tienes cocaína en casa, no saldrás de ella para ir al cine, o por cualquier otro motivo, hasta que la hayas acabado. Un pinchazo crea una urgente necesidad de un nuevo pinchazo para mantener el colocón. Pero una vez la cocaína ha sido eliminada del organismo, la olvidas por completo. La cocaína no crea adicción.

La droga altera los mecanismos del deseo sexual. El impulso de sociabilidad no sexual procede del mismo lugar que el de la sexualidad, y así, cuando estoy colgado de la heroína o la morfina, no soy sociable. Si alguien quiere hablar conmigo, muy bien. Pero no siento necesidad de enrollarme con nadie. Cuando me descuelgo de la droga, entro muy a menudo en un periodo de sociabilidad incontrolada y me enrollo con el primero que esté dispuesto a escucharme.

La droga lo absorbe todo, y no da a cambio más que la seguridad contra el síndrome de abstinencia. De vez en cuando reflexionaba sobre el berenjenal en el que estaba metido, y decidía hacer una cura de desintoxicación. Cuando estás atiborrado de droga, parece fácil dejarla. Te dices: «Ya no le saco ningún gusto al pinchazo. Para eso es mejor dejarlo.» Pero en cuanto empiezas a sentir el síndrome de abstinencia, la cosa cambia.

Durante el año aproximadamente en que estuve enganchado en México, empecé cinco curas de desintoxicación. Probé a reducir la dosis de cada pinchazo, probé la cura china, pero no funcionó ninguna.

Después del fracaso de la cura china, hice unas cuantas papelinas y se las di a mi mujer para que las escondiera y me las fuera dando según un plan previsto. Ike me ayudó a preparar las papelinas, pero su cabeza no calculaba muy bien, y el plan de desintoxicación empezaba con dosis muy fuertes y terminaba de repente, sin que hubiera una reducción progresiva. Así que elaboré mi propio plan. Lo seguí durante cierto tiempo, pero no tenía verdadera motivación. Ike me pasaba material bajo cuerda, y siempre me inventaba excusas para el pinchazo extra.

Y el caso es que no quería seguir drogándome. Si hubiera podido dejarla con sólo tomar la decisión, no la habría vuelto a probar. Pero al llegar al proceso efectivo de desintoxicación, no tenía suficiente fuerza de voluntad. Eso me producía un sentimiento de desesperación terrible, al ver que fracasaban todos los planes que me imponía como si no pudiera controlar mis actos.

Una mañana de abril me desperté con un leve síndrome de abstinencia. Me quedé tumbado mirando las sombras que se formaban en el techo de yeso blanco. Recordé que hacía muchísimos años solía tumbarme en la cama junto a mi madre y contemplaba cómo las luces procedentes de la calle corrían por el techo y las paredes. Sentí una aguda nostalgia de silbidos de tren, pianos que suenan calle abajo, hojas quemadas.

Un leve síndrome de abstinencia siempre me trae los recuerdos mágicos de la infancia. «Nunca falla», pensé. «Es como un pinchazo. Me pregunto si todos los yonquis consiguen un material tan maravilloso.»

Me fui al cuarto de baño a ponerme una inyección. Tardé mucho rato en pinchar una vena. La aguja se me atascó dos veces. Y la sangre se me escurría por el brazo. La droga se extendió por mi cuerpo, una inyección de muerte. Aquel ensueño desapareció. Bajé la vista y contemplé la sangre que corría desde el codo a la muñeca. Sentí una súbita compasión por la carne y las venas violadas. Enjugué con ternura la sangre de mi brazo.

—Voy a dejarlo —dije en voz alta.

Me preparé una solución de opio y le dije a Ike que no viniera durante unos días. Me dijo:

—Espero que puedas hacerlo, muchacho. A ver si lo consigues. Que me muera o me quede paralítico si no lo digo de verdad.

A las cuarenta y ocho horas los residuos de morfina que había en mi cuerpo desaparecieron. La solución apenas podía con el síndrome de abstinencia. Me la bebí toda con dos nembutales y dormí varias horas. Cuando desperté tenía la ropa empapada en sudor. Los ojos me lloraban y escocían. Sentía todo el cuerpo escocido e irritable. Me retorcía en la cama, arqueaba la espalda, estiraba los brazos y las piernas. Levanté las rodillas con las manos firmemente sujetas a los muslos. La presión de mis manos disparó el gatillo del orgasmo del síndrome de abstinencia. Me levanté y me cambié de ropa interior.

Quedaba un poquito de opio en la botella. Me lo bebí, salí a la calle y compré cuatro tubos de tabletas de codeína. Me tomé la codeína con té caliente y me sentí mejor.

Ike me dijo:

—Quieres ir demasiado deprisa. Déjame que te prepare una solución. —Le oía canturrear en la cocina mientras iba mezclando los ingredientes—: Un poco de canela por si tienes vómitos..., un poco de salvia contra la diarrea..., unos clavos para limpiar la sangre...

Nunca en mi vida había probado nada tan espantoso, pero la mezcla aquella calmó mi malestar y lo redujo a un nivel tolerable, de modo que me sentía siempre un poco colocado. No era por el opio, sino por la propia adaptación de mi cuerpo a la cura de desintoxicación. La droga es una inyección de muerte que mantiene al cuerpo en un estado de emergencia. Cuando el suministro se corta, las reacciones de emergencia continúan. Las sensaciones se agudizan, el adicto tiene conciencia del funcionamiento de sus vísceras hasta un punto que resulta incómodo, el peristaltismo y las secreciones son incontrolables. Independientemente de su edad, el adicto que se está desintoxicando puede caer en los excesos emotivos de un niño o un adolescente.

Hacia el tercer día de tomar el preparado de Ike, empecé a beber. Nunca había sido capaz de hacerlo cuando estaba drogado o tenía el síndrome de abstinencia. Pero ahora ingería opio, lo cual es muy distinto de inyectarse heroína. Es posible mezclar opio y bebida.

Al principio, comenzaba a beber a las cinco de la tarde; después de una semana, lo hacía a las ocho de la mañana, estaba borracho todo el día y toda la noche y me despertaba borracho a la mañana siguiente.

Al despertarme tomaba un poco de bencedrina, sanicina y algo de opio con un café solo y un lingotazo de tequila. Luego me tumbaba, cerraba los ojos y trataba de reconstruir la noche y el día anteriores. La mayor parte de las veces, tenía la mente en blanco a partir del mediodía. Algunas veces se despierta uno de un sueño y piensa: «¡Gracias a Dios que realmente no hice eso!» Al reconstruir un periodo de obnubilación, se piensa: «¡Dios mío!, ¿realmente hice eso?» La línea que separa lo que se dice de lo que se piensa es difusa. ¿Lo dije, o solamente lo pensé?

Después de diez días de cura mi aspecto se había deteriorado sorprendentemente. Tenía la ropa manchada y acartonada a causa de las bebidas que me había derramado por encima. No me lavaba. Había perdido peso, me temblaban las manos, lo derramaba todo, tropezaba con las sillas, me caía. Pero parecía tener una energía ilimitada y una capacidad para ingerir alcohol como no había tenido nunca. Mis emociones se desbordaban allá donde iba. Me sentía incontrolablemente sociable y hablaba con el primero que pillaba. Hacía confidencias íntimas del peor gusto a perfectos desconocidos. Varias veces hice las más descaradas proposiciones sexuales a personas que no me habían dado el menor pie para ello.

Ike aparecía cada pocos días:

—Me alegro de ver que lo estás dejando, Bill. Que me muera o me quede paralítico si no es verdad. Pero, por si te encuentras demasiado mal y empiezas a vomitar, aquí tienes cincuenta miligramos de morfina.

Ike me regañaba por beber tanto.

—Te estás alcoholizando, Bill, te estás alcoholizando y vas a volverte loco. Tienes un aspecto horrible. Tienes una cara terrible. Si has de seguir bebiendo así, sería mejor que volvieras a pincharte.

Estaba en un tugurio junto a la calle Dolores, en Ciudad de México. Hacía unas dos semanas que había empezado a beber. Y estaba en una mesa con tres mexicanos, tomando tequila. Los mexicanos iban muy bien vestidos. Uno de ellos hablaba inglés. Un individuo de mediana edad, corpulento, de cara triste y dulce, cantaba y tocaba la guitarra. Estaba sentado al final de la barra. Me alegraba de que sus canciones hicieran imposible la conversación.

En esto entraron cinco policías. Pensé que tal vez me registraran, de modo que me quité la pistola y la funda del cinturón y las dejé caer debajo de la mesa, junto con un poco de opio que llevaba guardado en un paquete de cigarrillos. Los policías se tomaron una cerveza en la barra y se largaron.

Cuando metí la mano bajo la mesa, la funda estaba allí, pero la pistola había desaparecido.

Ahora estaba en otro bar con el mexicano que hablaba inglés.

El cantante y los otros dos mexicanos se habían ido. El local estaba iluminado por una tenue luz amarillenta. Una cabeza de toro de mirada agresiva, montada en una placa, presidía el local, sobre la barra de caoba. Las paredes estaban decoradas con fotos de toreros, algunas dedicadas. En el cristal esmerilado de la puerta batiente, habían grabado la palabra SALOON. Sin saber por qué, me puse a leer aquella palabra una y otra vez. Tenía la sensación de haberme entrometido en una conversación.

De la expresión del otro hombre deduje que me había quedado colgado a la mitad de una frase, pero no pude recordar qué estaba diciendo, qué iba a decir ni sobre qué estábamos hablando. Supuse que hablábamos de la pistola. «Probablemente, estoy intentando comprarla de nuevo.» Me di cuenta de que el hombre tenía el pedazo de opio en la mano y le daba vueltas.

–¿Cree que tengo aspecto de yonqui? –dijo.

Lo miré. Tenía la cara delgada y los pómulos prominentes. Sus ojos eran de ese color gris castaño tan corriente en las gentes de sangre mezclada de europeo e indio. Llevaba un traje gris claro y corbata. Su boca era fina, con expresión amarga. Una boca de yonqui, sin duda. Hay gente que tiene aspecto de yonqui sin serlo, del mismo modo que hay quien parece marica y no lo es. Son tipos que siempre causan problemas.

–Voy a llamar a la policía –dijo, y se dirigió hacia el teléfono, que estaba colgado de una columna.

Arrebaté el teléfono de su mano y lo empujé contra la barra tan bruscamente que rebotó contra ella. Me dirigió una sonrisa. Tenía los dientes cubiertos de una película pardusca. Se volvió, llamó al camarero y le enseñó el trozo de opio. Salí y llamé a un taxi.

Recuerdo que volví a mi apartamento a buscar otra arma, un revólver de gran calibre. Estaba en un estado de rabia histérica, aunque ahora no puedo recordar exactamente por qué.

Me bajé de otro taxi y caminé calle abajo hacia el bar. El hombre estaba apoyado en la barra, con la chaqueta gris echada por encima de los hombros. Se volvió hacia mí con cara inexpresiva.

Dije:

–Sal fuera delante de mí.

–¿Por qué, Bill? –preguntó.

—Venga, camina.

Saqué el pesado revólver del cinturón, lo monté mientras lo levantaba y apreté el cañón contra el estómago del individuo. Con la mano izquierda agarré la solapa de su chaqueta y lo empujé contra la barra. No me di cuenta hasta pasado un rato de que el hombre había usado mi nombre de pila y de que probablemente también el camarero lo conocía.

El hombre estaba la mar de tranquilo, y su cara inexpresiva no traslucía temor. Vi que alguien se aproximaba por mi derecha, por detrás, y giré levemente la cabeza. El camarero se acercaba con un policía. Me volví, irritado por la interrupción. Hundí la pistola en el estómago del agente.

—¿Quién le ha dado vela en este entierro? —pregunté en inglés. No le hablaba a un policía material, de tres dimensiones. Me dirigía al policía que veo a menudo en mis sueños, un hombre difuso, oscuro, irritante, que siempre aparece cuando estoy a punto de pegarme un pinchazo o irme a la cama con un chico.

El camarero me cogió del brazo y me lo retorció para alejarlo del estómago del policía, que sacó imperturbable su viejo 45 automático y me lo apoyó con firmeza contra el pecho. Sentí la frialdad del cañón a través de mi delgada camisa de algodón. El estómago del policía seguía hinchado. No lo había contraído ni se había echado hacia delante. Aflojé la presión de mi mano sobre el revólver y noté que me lo quitaban. Levanté los brazos a medias, con las palmas de las manos hacia fuera, en un gesto de rendición.

—Muy bien, muy bien —dije. Y luego añadí—: Bueno.

El policía apartó su 45. El camarero examinaba mi revólver apoyado en la barra. El hombre del traje gris continuaba de pie, impasible.

—*Está cargado** —dijo el camarero, que tenía los ojos clavados en el arma.

Traté de decir: «Naturalmente, ¿para qué sirve un revólver descargado?», pero no me salieron las palabras. La escena era irreal, inanimada, y carecía de sentido para mí; me sentía como si me hubiera introducido en el sueño de otra persona, o como el borracho que entra tambaleándose en un escenario en plena representación.

También yo era algo irreal para los otros, un extraño de otro país. El camarero me miraba con curiosidad. Se encogió levemente de hombros con gesto disgustado y perplejo y se metió el revólver en el cinturón. No había odio en la sala. Tal vez me habrían odiado si me hubieran sentido más próximo a ellos.

El policía me cogió con fuerza por el brazo y dijo:

—*Vámonos, gringo.**

Salí de allí con él. Me sentía aturdido y movía las piernas con dificultad. Una vez tropecé y el policía me levantó. Trataba de hacerle entender que, aunque no tenía dinero encima, podía pedírselo prestado a algún amigo. Mi cerebro estaba entumecido. Mezclaba español e inglés y la palabra prestar se ocultaba en algún archivo secreto de mi mente, al que no tenía acceso a causa de la barrera mecánica que había levantado el alcohol. El policía meneó la cabeza. Hice un esfuerzo para enviarle el mismo mensaje con otras palabras. De pronto, el policía se detuvo.

—*Ándale, gringo** —dijo en español, y me dio un leve empujón en el hombro. Se quedó parado un momento contemplando cómo me alejaba calle abajo. Dije adiós con la mano. No me respondió. Dio media vuelta y se volvió por donde habíamos venido.

Me quedaba un peso. Entré en una cantina y pedí cerveza. No tenían de barril y la botella costaba un peso. Había un grupo de jóvenes mexicanos en un extremo de la barra, y me puse a hablar con ellos. Uno me enseñó una placa de la policía secreta. Seguramente falsa, decidí. Hay un policía falso en cada bar de México. De repente, me di cuenta de que estaba bebiendo tequila. Lo último que recuerdo es el gusto punzante del limón que chupaba con el tequila.

A la mañana siguiente me desperté en una habitación desconocida. Miré alrededor. Un tugurio. Cinco pesos. Un armario, una silla, una mesa. Veía a la gente que pasaba por fuera, a través de las cortinas echadas. Planta baja. Parte de mi ropa estaba apilada sobre la silla. La chaqueta y la camisa estaban sobre la mesa.

Saqué las piernas de la cama y me senté tratando de recordar qué había sucedido después del último vaso de tequila. Mi mente estaba en blanco. Me levanté e hice inventario de mis efectos. Estilográfica desaparecida. De todas maneras, se salía... Nunca he tenido una que no se saliera... Navaja desaparecida... Tampoco era una gran pérdida... Comencé a vestirme. Estaba tembloroso. «Necesito un par de cervezas... Con suerte puedo encontrar a Rollins en casa.»

Era un largo paseo. Rollins estaba delante de su casa, paseando a su pastor noruego. Era un individuo de mi edad, corpulento, de facciones pronunciadas, guapo, con pelo negro rizado, un poco canoso en las sienes. Llevaba una cara chaqueta deportiva, pantalones de tweed y chaleco de ante. Nos conocíamos desde hacía treinta años.

Rollins escuchó mi relato de la noche anterior.

—Vas a conseguir que te levanten la tapa de los sesos andando por ahí con un revólver —me dijo—. ¿Para qué lo llevas? Ni siquiera verías contra quién disparabas. Ayer tropezaste dos veces contra los árboles en Insurgentes. Te pusiste delante de un coche. Tiré de ti y me amenazaste. Te dejé allí, para que volvieras a casa como pudieras, y no sé cómo te las arreglaste. Todo el mundo está hasta las narices de tu comportamiento en estos últimos tiempos. Si hay algo que no me gusta, y no creo que le guste a nadie, si a eso vamos, es tener rondando a mi alrededor a un borracho con un revólver.

—Tienes razón, desde luego —dije.

—Bien. Estoy dispuesto a ayudarte en lo que pueda. Pero lo primero que tienes que hacer es dejar la bebida y recuperar la salud. Tienes un aspecto horrible. Y luego debes pensar en ganar algo de dinero. Por cierto, supongo que estarás sin blanca, como siempre. —Rollins sacó la cartera—. Aquí tienes cincuenta pesos, es todo lo que te puedo dejar.

Me emborraché con los cincuenta pesos. A las nueve de la noche se me acabó el dinero y volví a mi apartamento. Me tumbé e intenté dormir. Cuando cerré los ojos, vi una cara oriental, con los labios y la nariz comidos por alguna terrible enfermedad. La enfermedad se extendió, y convirtió aquella cara en una masa ameboide en la que flotaban unos estúpidos ojos de crustáceo. Poco a poco se fue formando una cara nueva alrededor de aquellos ojos. Una serie de caras, caras simbólicas, caras distorsionadas, que conducían al lugar final donde termina el curso de lo humano, donde la forma humana ya no puede seguir conteniendo el horroroso crustáceo que ha crecido dentro de ella.

Yo lo miraba todo con curiosidad. «Debe de ser el delírium trémens», pensé, sin darle más importancia.

Me despertó un respingo de terror. Seguí tumbado, con el corazón latiéndome aceleradamente, intentando descubrir qué me había asustado. Creí oír un leve ruido abajo.

—Hay alguien en la casa —dije en voz alta, e inmediatamente me convencí de que era así.

Saqué mi carabina del 30 del armario. Me temblaban las manos. Apenas pude cargarla. Se me cayeron al suelo varios cartuchos antes de poder meter dos en la recámara. Las piernas se me doblaban constantemente. Bajé las escaleras y encendí las luces. Nadie. Nada.

Temblaba sin cesar y, encima, ¡notaba los síntomas del síndrome de abstinencia!

«¿Cuánto hace que no me pincho?», me pregunté. No podía recordarlo. Empecé a revolver la casa entera en busca de droga. Hacía algún tiempo había guardado un trozo de opio en un agujero que había en una de las esquinas de la habitación. El opio se había deslizado bajo el tillado, fuera de mi alcance. Había intentado recuperarlo varias veces, pero siempre había fracasado.

—¡Esta vez lo lograré! —exclamé, irritado. Con manos temblorosas me fabriqué un gancho con una percha y empecé a tratar de pescar el opio. El sudor me goteaba de la nariz. Me hice rasguños en las manos con los bordes astillados del agujero—. Si no consigo cazarlo de una manera, lo haré de otra —dije, enfadado, y me puse a buscar un serrucho.

No lo encontré. Corrí de una habitación a otra, tirando cosas y vaciando cajones en el suelo en un frenesí creciente. Sollozando de rabia, traté de levantar las tablas con las manos. Finalmente, tuve que rendirme y me quedé tumbado en el suelo, jadeante, gimiendo desconsolado.

Recordé que había un poco de dionina en el botiquín. Me levanté para ir a mirar. Quedaba sólo una tableta. Al calentarla adquirió un aspecto lechoso, y tuve miedo de inyectármela en la vena. Un temblor involuntario y repentino de mi mano sacó la aguja del brazo y la inyección se derramó sobre la piel. Me quedé sentado contemplando mi brazo.

Por fin dormí un poco y desperté al día siguiente con una tremenda resaca depresiva. El síndrome de abstinencia, aplazado por la codeína y el opio, adormecido por semanas de constante beber, volvía con redoblada fuerza.

«Tengo que conseguir codeína», pensé.

Revisé mi ropa de arriba abajo. Nada. Ni un cigarrillo. Ni un centavo. Fui al cuarto de estar y revisé el sofá. Metí la mano en los intersticios entre el asiento y el respaldo. Un peine, un trozo de tiza, un lápiz roto, una moneda de diez centavos, otra de cinco. Sentí un dolor intenso, que me mareó, y saqué la mano. Sangraba por un corte profundo en el dedo. Una hoja de afeitar, sin duda. Arranqué un trozo de una toalla y me vendé el dedo. La sangre lo empapó enseguida y empezó a gotear en el suelo. Volví a la cama. No podía dormir. No podía leer. Permanecí tumbado estoicamente mirando al techo.

Una caja de cerillas pasó volando ante la puerta, camino del cuarto de baño. Me incorporé con el corazón palpitante. «¡Es el bueno de Ike, el camello!», pensé. Venía a menudo por casa, y manifestaba su presencia como un espíritu, tirando algo al suelo o golpeando en las paredes. Apareció en la puerta.

–¿Cómo van las cosas? –preguntó.

–No muy bien. Tengo el tembleque. Necesito un picotazo.

Ike asintió. Dijo:

–Sí, para eso no hay como la morfina. Me acuerdo de una vez, en Minneapolis...

–Déjate ahora de Minneapolis. ¿Tienes algo?

–Tengo, pero no aquí. Tardaré unos veinte minutos en traerlo. –Ike estaba sentado, hojeando una revista, y levantó los ojos–: ¿Por qué? ¿Quieres un poco?

–Sí.

–Ahora mismo te lo traigo.

Estuvo fuera dos horas.

–Tuve que esperar a que el tipo volviera de almorzar para que me abriera la caja del hotel. Guardo mi material en la caja fuerte para que no me lo roben. A los del hotel les digo que es oro en polvo que utilizo...

–¿Pero lo tienes?

–Sí, lo tengo. ¿Dónde está tu instrumental?

–En el cuarto de baño.

Ike volvió del cuarto de baño con los utensilios y se puso a calentar una dosis. Mientras lo hacía me hablaba:

–Bebes demasiado, y te estás volviendo loco. No resisto verte dejar este material para meterte en otro peor. Conozco a muchísimos que han dejado la droga. Muchos lo hacen porque no pueden pagarle a Lupita. Quince pesos la papelina, y hacen falta tres para colocarse. Empiezan a beber inmediatamente y no duran más de dos o tres años.

—¿Qué pasa con ese pinchazo? —dije.

—Sí, un minuto. La aguja está obstruida. —Ike se pasó los dedos por el borde de la solapa, buscando una crin para limpiar la aguja. Siguió hablando—. Me acuerdo de una vez en que navegábamos a la altura de la isla Mary. Íbamos en el barco y el coronel se emborrachó y se cayó al agua y casi se ahogó a causa de sus dos pistolas. Nos costó Dios y ayuda sacarlo de allí. —Ike sopló a través de la aguja—. Ya está libre. Conozco a un tipo de cuando era yonqui y le compraba a Lupita. Lo llaman *el Sombrero,** porque se gana la vida robando sombreros y echando a correr. Se acerca a un autobús cuando va a arrancar. Alarga la mano, agarra un sombrero y, ¡zas!, desaparece. Tendrías que verlo ahora. Tiene las piernas hinchadas y llenas de llagas y porquería. ¡Dios mío! La gente pasa junto a él y procura no mirarlo.

Ike estaba con el cuentagotas en una mano y la aguja en la otra.

Dije:

—¿Qué pasa con ese pinchazo?

—¿Quieres mucho? ¿Vale con cincuenta miligramos? Creo que será suficiente.

El pinchazo tardó un buen rato en surtir efecto. Al principio pegaba despacio, pero luego su fuerza fue creciendo. Me quedé tumbado en la cama como si estuviese metido en un baño caliente.

Seguí bebiendo. Unos días más tarde perdí el conocimiento en el Ship Ahoy, después de beber tequila sin parar durante ocho horas. Unos amigos me llevaron a casa. A la mañana siguiente tenía la peor resaca de mi vida. Empecé a vomitar a intervalos de diez minutos hasta que eché bilis verde.

Entonces apareció el bueno de Ike:

—Tienes que dejar de beber, Bill. Te estás volviendo loco.

Nunca había estado tan malo. Las náuseas agitaban mi cuerpo

convulsivamente. Ike me sujetó mientras soltaba unas cuantas bocanadas de bilis en el retrete. Me pasó un brazo por los hombros, me sostuvo y me ayudó a volver a la cama. Hacia las cinco de la tarde dejé de vomitar y conseguí mantener en el estómago un poco de zumo de pomelo y un vaso de leche.

—Aquí apesta a orines. Uno de los gatos debe de haberse meado debajo de la cama —dije.

Ike olisqueó alrededor de la cama.

—No, aquí no hay nada. —Siguió olfateando por la cabecera de la cama, en la que yo estaba tumbado envuelto en almohadas—. Bill, eres tú el que huele a orines.

—¿Qué? —Empecé a olerme las manos horrorizado, como si acabara de descubrir que tenía la lepra—. ¡Dios mío! —dije mientras el miedo me hacía sentir un gélido nudo en el estómago—. ¡Tengo uremia! Ike, tienes que ir a buscar un matasanos.

—Muy bien, Bill. Te traeré uno inmediatamente.

—¡Y no vuelvas con uno de esos mangantes de recetas a cinco pesos!

—De acuerdo, Bill.

Permanecí tumbado intentando dominar mi pánico. No sabía mucho sobre envenenamiento por uremia. Una mujer a la que conocí superficialmente en Texas murió de eso después de beberse una botella de cerveza por hora, día y noche, durante dos semanas. Me lo había contado Rollins. Se hinchó, se puso negra, le dieron unas convulsiones y se murió. La casa entera olía a orines.

Me relajé y recorrí una por una mis vísceras mentalmente para tratar de descubrir qué era lo que les pasaba. No notaba ninguna enfermedad grave ni signos de muerte. Me sentía cansado, machacado, melancólico. De modo que seguí tumbado en la cama, a oscuras, con los ojos cerrados.

Llegó Ike con un médico y encendió la luz. Era un médico chino, uno de sus vendedores de recetas; dijo que no era uremia, puesto que podía orinar y no me dolía la cabeza.

Pregunté:

—¿Y por qué huelo tan mal?

El médico se encogió de hombros. Ike dijo:

—Dice que no es nada importante. Que tienes que dejar de beber, que es mejor que vuelvas a lo otro a que bebas así.

El médico asintió. Oí que Ike, ya en el vestíbulo, le pedía una receta de morfina.

–Ike, no creo que ese médico sea de fiar. Hazme un favor. Vete a ver a mi amigo Rollins, te apuntaré la dirección, y dile que me mande un buen médico. Tiene que conocer a alguno, porque su mujer ha estado enferma.

–Muy bien, de acuerdo, pero creo que vas a tirar el dinero –dijo Ike–. Ese médico es muy bueno.

–Sí, tiene muy buena letra.

Ike se rió y se encogió de hombros.

–Vale.

Al cabo de una hora volvió con Rollins y otro médico. Cuando entraron en el apartamento, el médico olfateó, sonrió y, volviéndose hacia Rollins, asintió con la cabeza. Tenía una cara redonda y sonriente, oriental. Me hizo un rápido reconocimiento y me preguntó si podía orinar. Luego, se volvió hacia Ike y le preguntó si tenía convulsiones.

Ike me dijo:

–Pregunta si a veces pareces volverte loco. Le he dicho que no, aunque de cuando en cuando juegas con el gato.

Rollins habló en su español titubeante, buscando cada palabra:

–*Esto señor muy malo, y querer él saber por qué.**

El médico nos explicó que tenía uremia incipiente, pero que el peligro ya había pasado. Tendría que dejar de beber durante un mes. Cogió una botella vacía de tequila que había por allí.

–Una más de éstas, y se morirá –dijo.

Recogió su instrumental. Me recetó un antiácido que tenía que tomar cada pocas horas, me estrechó la mano, se la estrechó a Ike, y se fue.

Al día siguiente me entró un hambre voraz y comí todo lo que pude encontrar. Estuve tres días en la cama. La estructura metabólica del alcoholismo había dejado de operar. Cuando volví a beber, lo hice con normalidad, y nunca antes de bien entrada la tarde. Permanecí alejado de la droga.

Por aquella época los estudiantes acudían al Lola's durante el día y al Ship Ahoy por la noche. El Lola's no era exactamente un bar. Era un pequeño local donde servían cerveza y refrescos. Había un gran cajón lleno de cervezas, refrescos y hielo a la izquierda de la puerta, según se entraba. Un mostrador, con taburetes de tubo metálico cubiertos de cuero amarillo, se extendía por uno de los laterales de la habitación hasta una gramola. A lo largo de la pared opuesta al mostrador se alineaban las mesas. Los taburetes habían perdido hacía tiempo los tacos de goma que protegían las patas, y cada vez que la asistenta los empujaba para barrer hacían un ruido chirriante, insoportable. En la parte trasera había una cocina en la que un mugriento cocinero lo freía todo en grasa rancia. En Lola's no había pasado ni futuro. Era una sala de espera.

Una vez estaba sentado en Lola's leyendo la prensa. Después de un rato dejé el periódico que tenía entre manos y miré a mi alrededor. En la mesa de al lado estaban hablando de lobotomía. «Seccionan los nervios.» En otra mesa, dos hombres jóvenes intentaban ligar con unas chicas mexicanas. *«Mi amigo es muy, muy...»** Buscaba una palabra. Las chicas reían tontamente. Las conversaciones tenían una exasperante insustancialidad, eran como gotas parlantes que se derramaran sobre las sillas de tubo metálico, como agregados humanos que se desintegraran en una locura cósmica, como acontecimientos aleatorios en un universo moribundo.

Llevaba ya dos meses desenganchado. Cuando se deja la droga, todo parece insulso, y se recuerda la regulación del tiempo por los pinchazos, el horror estático de la droga, el fluir de tu vida hacia tu brazo tres veces al día.

Cogí una página de historietas que había en la mesa de al lado. Era de hacía dos días. La volví a dejar. Nada que hacer. Ningún sitio adonde ir. Mi mujer estaba en Acapulco. Volví a mi apartamento y, al acercarme a él, vi al bueno de Ike que estaba a una manzana la distancia.

A algunas personas puedes verlas desde tan lejos como te alcance la vista; a otras, en cambio, no las distingues hasta que casi puedes tocarlas. Los yonquis son, en general, fácilmente detectables. Hubo un tiempo en el que mi tensión arterial se elevaba de placer a la vista de Ike. Cuando se está enganchado, el camello es como la amada para el amado. Esperas su especial manera de caminar por el pasillo y su especial manera de llamar, buscas su cara entre aquellas con las que te cruzas por la calle. Puedes representarte mentalmente hasta el último detalle de su aspecto físico como si estuviera de pie en la puerta gastándote la eterna broma del camello: «Siento tener que decepcionarte, pero no he conseguido nada», mientras contempla cómo la cara de su cliente pasa de la esperanza a la ansiedad y saborea la sensación de poseer un poder que depende de su benevolencia, el poder de dar o de retener. En Nueva Orleans, Pat montaba siempre ese número. Y en Nueva York, Bill Gains. Ike juraba siempre que no tenía nada, y luego me deslizaba la papelina en el bolsillo y decía:

—¡Pero si tenías una papelina, hombre!

Pero ahora me había desenganchado. Claro que un pinchazo de morfina podría ser agradable más tarde, cuando me fuera a dormir, o mejor un speedball, mitad cocaína y mitad morfina. Alcancé a Ike a la puerta de la casa. Le puse una mano sobre el hombro y se volvió hacia mí, sonriendo con su cara de yonqui desdentado, como una vieja, al reconocerme.

—¡Hola! —me dijo.

—No te he visto desde hace siglos —le dije—. ¿Dónde has estado?

Se rió. Dijo:

—He estado en la trena. De todas maneras, no quería aparecer por aquí, porque sabía que te habías desenganchado. ¿Lo has dejado del todo?

—Sí, lo he dejado.

—Entonces no querrás un pinchazo, ¿verdad?

Ike sonreía.

—Hombre... —Noté un atisbo de la antigua excitación, como cuando uno se encuentra a alguien con quien se acostaba antes y de pronto siente otra vez un ramalazo de deseo y los dos saben que volverán a acostarse.

Ike hizo un gesto, como disculpándose, y dijo:

—Tengo aquí cien miligramos. Para mí no son suficientes. Y tengo un poco de coca, también.

—Vamos adentro —dije.

Abrí la puerta. El apartamento estaba oscuro y olía a rancio; ropas, libros, periódicos, vasos y platos sucios estaban desperdigados por sillas, mesas y el sucio suelo. Quité un montón de revistas de un sofá lleno de polvo.

—Siéntate —dije—. ¿Tienes el material contigo?

—Sí, lo llevo encima.

Se abrió la bragueta y extrajo un envoltorio rectangular de papel; la envoltura del yonqui, con un extremo encajado en el otro. Dentro de ese paquete había otros dos más pequeños, doblados de forma semejante. Los colocó sobre la mesa. Me miró con sus brillantes ojos castaños. Su boca, desdentada y de labios apretados, daba la impresión de estar cosida.

Fui al cuarto de baño a buscar mis utensilios. Aguja, cuentagotas, un trozo de algodón. Pesqué una cucharilla entre un montón de platos sucios en el fregadero. Ike rasgó una larga tira de papel, la mojó con saliva y la enrolló alrededor del extremo del cuentagotas. Colocó la aguja en medio del anillo de papel mojado. Abrió uno de los sobrecitos, cuidando de no derramar su contenido con algún movimiento de muelle del papel parafinado.

—Éste es de coca —dijo—, ten cuidado, es muy fuerte.

Vacié la papelina de morfina en la cucharilla y añadí un poquito de agua. Había unos treinta o cuarenta miligramos, calculé, no cien. Puse una cerilla encendida bajo la cuchara hasta que la morfina estuvo disuelta. La coca no se calienta nunca. Añadí un poco de coca con la punta de la hoja de un cuchillo y se disolvió instantáneamente, como la nieve que cae sobre el agua. Me enrollé una corbata vieja en el brazo y la apreté tanto como pude. Respiraba entrecortadamente a causa de la excitación y me temblaban las manos.

—¿Querrás pincharme tú, Ike?

Deslizó un dedo suavemente a lo largo de la vena mientras sujetaba el cuentagotas entre el pulgar y los dedos de la otra mano. Ike era bueno. Apenas sentí la aguja deslizarse en la vena. Sangre roja, oscura, penetró dentro del cuentagotas.

—Bien —dijo—. Suéltala.

Aflojé la corbata, y el cuentagotas se vació dentro de la vena. La coca me golpeó la cabeza, y sentí una placentera excitación, acompañada de cierto vértigo, mientras la morfina se extendía por mi cuerpo en ondas relajantes.

—¿Ha estado bien? —preguntó Ike sonriendo.

—Si Dios ha hecho algo mejor, se lo ha guardado para sí —contesté.

Ike limpiaba la aguja haciendo pasar agua por el conducto.

—Bueno —dijo tontamente—, cuando pasen lista allá arriba, estaremos presentes, sin duda.

Me senté en el diván y encendí un cigarrillo. Ike fue a la cocina para hacer una taza de té. Comenzó una nueva entrega de la interminable saga del Hijoputa Negro:

—El Hijoputa Negro está surtiendo ahora a tres tipos. Carteristas los tres, y bastante bien cotizados en el oficio. Pagan a la policía. Les da como cuarenta miligramos en cada pinchazo a quince pesos, y ahora que se las arregla bien, el muy cabrón ni me habla. Pero no durará ni un mes, ya lo verás. En cuanto cacen a uno cualquiera de esos tres tipos, caerá. —Se acercó hasta la puerta de la cocina y chascó los dedos—. No durará ni un mes.

Su boca desdentada se retorcía en una mueca de odio.

Cuando decidí no comparecer ante el tribunal estatal y me fui de los Estados Unidos, la controversia suscitada por la droga había alcanzado ya dimensiones insólitas y muy peculiares. Había síntomas claros de que se iniciaba una histeria nacional. Louisiana promulgó una ley que considera delito ser adicto. Como no especifica lugar ni tiempo, ni define con claridad el término «adicto», las pruebas no son relevantes para detener a nadie. No hacen falta pruebas y, por tanto, no hace falta juicio. Toda legislación que castiga maneras de vivir es propia de un estado policial. Otros estados emulaban a Louisiana. Vi que mis posibilidades de escapar a una condena disminuían de día en día a medida que el sentimiento de oposición a las drogas crecía hasta convertirse en una obsesión paranoide, como el antisemitismo bajo los nazis. Conque decidí convertirme en prófugo y vivir permanentemente fuera de los Estados Unidos.

Desde México, a salvo, contemplaba la campaña antidroga. Leía cosas sobre niños drogados y senadores que pedían la pena de muerte para los camellos. Algo no cuadraba en todo aquello. ¿Quién puede querer a niños como clientes? Disponen de poco dinero y siempre se les va la lengua en los interrogatorios. Los padres descubren tarde o temprano que el chico se droga y van a la bofia. Deduje que o bien los vendedores de los Estados Unidos se habían vuelto tontos, o la historia de los niños drogados era un camelo para excitar y agudizar el sentimiento antidroga y conseguir que se promulguen nuevas leyes.

Fugitivos de la nueva situación iban apareciendo por México. «Seis meses por señales de pinchazos, según la ley de vagos y adictos de California.» «Ocho años por tener una jeringa en Washington.» «De dos a diez años por traficar en Nueva York.» Un grupo de jóvenes yonquis del nuevo estilo se dejaba caer todos los días por mi casa a fumar hierba.

Figuraban entre ellos Cash, un músico que tocaba la trompeta. Pete, un rubio corpulento que hubiera podido servir de modelo para un cartel del «perfecto muchacho americano». Johnny White, que tenía mujer y tres hijos y era igual que cualquier joven americano medio. Martin, un chico moreno y guapo de origen italiano. Los yonquis del nuevo estilo ya no visten de manera vistosa ni frecuentan los clubes de jazz. Todos se han pasado a la clandestinidad.

Aprendí el nuevo vocabulario del ambiente: «tela» por hierba, «bosteo» por arresto, «tranquilo», una palabra polivalente que indica cualquier cosa o cualquier situación agradable o sin problemas con la policía. E, inversamente, todo lo que a uno no le gusta, no es «tranquilo». Oyendo a esas personas me hice una idea de la situación en los Estados Unidos. Un caos absoluto en el que no puedes saber quién es quién ni qué terreno pisas. Los yonquis veteranos decían:

—Si ves a un hombre pincharse en el brazo, puedes estar seguro de que no es un agente federal.

Eso ya no es verdad. Martin me dijo:

—Llega un tío y dice que tiene el síndrome de abstinencia. Tenía los nombres de unos cuantos amigos nuestros de San Francisco. De modo que dos chavales le curaron el mono con heroína y estuvo más de una semana con ellos, picándose. Entonces los detuvieron. Yo no estaba por allí cuando sucedió, porque no me caía bien aquel tío y, además, en aquellos momentos no estaba colgado de la heroína. Y el abogado de los dos que cayeron en la trampa descubrió que aquel tío era un agente federal de estupefacientes. Un *agente,* no un soplón. Consiguió hasta su nombre.

Y Cash me habló de casos en que dos tíos se pinchaban juntos y entonces uno sacaba la placa.

–¿Cómo puedes evitar caer en la trampa? –dijo Cash–. Quiero decir que esos tíos están también en el rollo, son tíos como tú y como yo. Sólo hay una pequeña diferencia: trabajan para el Tío Sam.

Ahora que la Oficina de Narcóticos se ha propuesto encarcelar hasta el último adicto de los Estados Unidos, necesitan más agentes para hacer el trabajo. Y no sólo más agentes, sino agentes de una clase muy distinta. Igual que durante la ley seca, cuando mendigos y vagabundos inundaban la Oficina de Recaudación de Impuestos Internos, que era la encargada de hacerla cumplir, en la actualidad los adictos se enrolan como agentes de la Oficina de Narcóticos para tener droga gratis e inmunidad. La adicción no se puede fingir. Un adicto reconoce a otro adicto. Los adictos-agentes se las arreglan para ocultar su adicción o, quizá, son tolerados porque resultan eficaces. Un agente que se exponga a tener el síndrome de abstinencia a menos que encuentre camellos pondrá especial celo en su trabajo.

Cash, el trompetista, había cumplido seis meses en aplicación de la ley de vagos y adictos. Era un joven alto y delgado con una perilla descuidada y gafas oscuras. Llevaba zapatos con gruesas suelas de crepé, camisas carísimas de pelo de camello y una cazadora de cuero que se abrochaba delante con un cinturón. El valor de los complementos que llevaba encima superaba los cien dólares. El dinero era de su mujer, y Cash se lo gastaba. Cuando lo conocí, ya le quedaba muy poco. Me dijo:

–Las mujeres vienen a mí. Pero no me interesan. Lo único que me gusta de verdad es tocar la trompeta.

Cash era un verdadero artista para gorrear droga. Resultaba difícil decirle que no. Me prestaba pequeñas cantidades de dinero, pero siempre menos que la droga que consumía, y luego decía que me había dado tanto dinero que ya no le quedaba nada para comprarse pastillas de codeína. Me contó que estaba dejando la droga. Cuando llegó a México, le di treinta miligramos de morfina, y le entró tal estupor que no podía ni levantar la cabeza. Supongo que el material que venden ahora en los Estados Unidos está tan rebajado, que de droga sólo tiene el nombre.

Después de aquello se dejaba caer por casa todos los días y me pedía «medio pico». O, si no, se lo gorroneaba al bueno de Ike, que era incapaz de negarle nada a un yonqui con el síndrome de abstinencia. Le aconsejé que se lo quitara de encima, y le expliqué a Cash que yo no era camello y que Ike lo era a muy pequeña escala. Tan pequeña, que no podía regalar la poca mercancía que tenía. En resumen, que no éramos la sociedad de beneficencia para yonquis. A partir de entonces, vi poco a Cash.

El peyote es la nueva moda en los Estados Unidos. No está incluido en la Ley Harrison, y puede comprarse por correo a los herbolarios. No lo había probado nunca, y le pregunté a Johnny White si se podría conseguir en México.

Me dijo:

—Sí. Hay un herbolario que lo vende. Nos ha invitado a todos a que vayamos a su casa y tomemos peyote con él. Puedes venir, si quieres. Voy a ver si tiene algo que pueda llevarme a los Estados Unidos para venderlo.

—¿Y por qué no te llevas peyote?

—No aguanta. Se pudre o se seca en unos pocos días y pierde efectividad.

Nos fuimos a casa del herbolario y sacó un bol de peyote, un rallador y una tetera.

El peyote es un pequeño cactus del que sólo se come la parte superior, a la que se llama botón. Los botones se preparan rascándoles la corteza y la pelusa y rallándolos luego hasta que recuerdan la ensalada de aguacate. La dosis media para un principiante es de cuatro botones.

Acompañamos el peyote con el té, para ayudar a tragarlo. Varias veces me atraganté y estuve a punto de vomitarlo. Finalmente, conseguí engullirlo todo y me quedé sentado a ver qué pasaba. El herbolario nos ofreció también una corteza que, según dijo, causaba los mismos efectos que el opio. Johnny lió un cigarrillo de aquello y lo hizo circular. Pete y Johnny decían:

—¡Terrible! ¡No hay cosa igual!

Fumé un poco y noté un leve mareo y dolor de garganta. Pero Johnny compró un poco de aquella maloliente corteza con intención de vendérsela a los desesperados drogadictos de los Estados Unidos.

A los diez minutos empecé a tener náuseas a causa del peyote. Todos me dijeron:

—Aguántate, hombre.

Me aguanté otros diez minutos, y luego me fui al retrete dispuesto a arrojar la toalla, pero no pude vomitar. Todo mi cuerpo se contraía en un espasmo convulsivo, pero el peyote se negaba a salir. Sin embargo, también parecía reacio a quedarse abajo.

Por fin, el peyote subió como una pelota maciza de pelos, totalmente sólida, y me atascó la garganta. Es la sensación más horrorosa por la que he tenido que pasar en mi vida. Después, comencé a colocarme lentamente.

El peyote te coloca de una forma parecida a la bencedrina. Es imposible dormir y las pupilas se dilatan. Todo parece una planta de peyote. Iba en el coche con los White, Cash y Pete. Íbamos a casa de Cash, en las Lomas. Johnny dijo:

—¡Fíjate en el terraplén, junto a la carretera! Parece una planta de peyote.

Me volví para mirar y pensé: «¡Qué idea tan estúpida! ¡La de tonterías que dice la gente!», pero parecía de verdad una planta de peyote. Todo lo que veía parecía una planta de peyote.

Las caras se nos hincharon bajo los ojos y nuestros labios engordaron a causa de alguna acción de la droga sobre las glándulas. Parecíamos indios auténticos. Los otros decían que se sentían primitivos y se revolcaban por la hierba haciendo lo que suponían que hacían los indios. Yo no sentí nada muy distinto de lo habitual cuando te colocas con anfetas.

Nos pasamos la noche hablando y escuchando los discos de Cash. Éste me contó que unos cuantos amigos suyos de San Francisco se habían desenganchado de la droga con peyote. «Parece que, en cuanto empezaron a tomar peyote, no quisieron más.» Uno de esos yonquis se vino a México y empezó a tomar peyote con los indios. Lo tomaba incesantemente y en grandes cantidades: hasta doce botones de una vez. Murió de una enfermedad que se diagnosticó como polio. Sin embargo, tengo entendido que los síntomas del envenenamiento por peyote y de la polio son idénticos.

No pude dormir hasta el día siguiente al amanecer, y además tenía pesadillas cada vez que conseguía amodorrarme. En una de ellas había cogido la rabia. Al mirarme en el espejo, vi que mi cara había cambiado y empecé a aullar. En otra, me había hecho adicto a la clorofila. Otros cinco adictos a ella y yo estábamos en el vestíbulo de un hotel barato de México esperando para comprar. Nos volvíamos verdes y, además, la adicción a la clorofila era imposible de curar. Un pinchazo, y te quedabas colgado para toda la vida. Nos convertíamos en plantas.

Los jóvenes yonquis parecen faltos de energía e incapaces de disfrutar espontáneamente de la vida. La mera mención de la hierba o la droga los galvaniza como una inyección de coca. Dan saltos y dicen: «¡Demasiado!» «¡Terrible!» «Tío, ¡venga ya!» «¡Vamos a pegarle!» Pero si se pegan un pinchazo, se derrumban en una silla como un niño resignado que espera que la vida vuelva a traerle el biberón.

Descubrí que sus intereses eran muy limitados. Especialmente, me di cuenta de que parecían menos interesados en el sexo que los de mi generación. Algunos de ellos decían que no experimentaban placer alguno con él. Muchas veces he creído equivocadamente que un joven era homosexual al observar su indiferencia hacia las mujeres; luego he descubierto que no lo era y que, simplemente, el asunto no le interesaba en absoluto.

Bill Gains arrojó la toalla y se trasladó a México. Fui a buscarlo al aeropuerto. Venía colocado con heroína y anfetas. Llevaba los pantalones salpicados de sangre por haberse picado en el avión con un imperdible. Se hace un agujero con un imperdible, se coloca el cuentagotas sobre el agujero (sin introducirlo en él) y la solución penetra. Con este método no se necesita aguja, pero hace falta ser un yonqui veterano para que funcione bien. Hay que emplear la presión exacta al introducir la solución. Lo intenté una vez, y la droga salió desviada de lado y lo perdí todo, pero cuando Gains hace un agujero en su carne, permanece abierto esperando la droga.

Bill era un veterano. Conocía a todo el mundo en el negocio. Tenía una reputación magnífica y podía conseguir droga mientras hubiera alguien que la vendiera. Me imaginé que si había hecho las maletas y se había largado de los Estados Unidos, la situación tenía que ser desesperada.

—¡Claro que puedo conseguir droga! —me dijo—. Pero si me hubiera quedado, habrían terminado echándome diez años, por lo menos.

Nos pegamos un pinchazo juntos y nos pusimos a hablar de qué había sido de la gente a la que conocíamos.

—El viejo Bart se murió en la isla de Riker. Louie el Botones se convirtió en soplón. Y Tony y Nick también. Herman se fugó cuando estaba en libertad condicional. Al Cojo le cayeron de cinco a diez años. Marvin, el camarero, se murió de una sobredosis.

Recordé que Marvin se desvanecía siempre que se pinchaba. Me lo imaginé tendido en la cama de algún hotelucho barato, con el cuentagotas lleno de sangre colgado de la vena como una sanguijuela de vidrio, y la cara poniéndosele azul alrededor de los labios.

—¿Y qué es de Roy? —pregunté.

—¿No lo sabes? Aceptó ser soplón, y acabó colgándose en el calabozo. Al parecer, la bofia tenía cogido a Roy por tres acusaciones, dos de robo y una de droga. Le prometieron que retirarían los cargos si les ayudaba a cazar a Eddie Crump, un camello veterano. Eddie solamente vendía a personas que conociese bien y confiaba en Roy. Pero la policía jugó sucio con Roy después de que cogieron a Eddie. Lo engañaron. Retiraron la acusación de las drogas, pero no las dos por robo. Y Roy tuvo que seguir a Eddie a la isla de Riker, donde cumplía condena indefinida, que es la máxima en una prisión municipal. A Roy le cayeron tres años, cinco meses y seis días. Se colgó en los calabozos cuando esperaba ser transferido a la isla de Riker.

Roy siempre había tenido y manifestado una opinión puritana e intolerante sobre los soplones.

—No comprendo cómo un soplón puede vivir dentro —me dijo una vez.

Le pregunté a Bill sobre los niños adictos. Asintió con la cabeza y sonrió con íntimo placer; dijo:

—Sí, ahora Lexington está lleno de jovencitos.

Un buen día, entré en el bar de la Ópera, de Ciudad de México, y me encontré con un político al que conocía. Estaba de pie ante la barra con una servilleta atada al cuello y se comía un bistec. Entre bocado y bocado me preguntó si conocía a alguien que pudiera estar interesado en comprar veinticinco gramos de heroína.

–Tal vez –le dije–. ¿Cuánto pide?

–Quinientos dólares –dijo.

Le hablé a Bill Gains, y me dijo:

–De acuerdo. Si es pura, o casi, la compraré. Pero no pienso hacerlo a ciegas. Quiero probar el material primero.

Así que concerté una cita con el político y fuimos a su despacho. Sacó el material de una de las carpetas de un archivador y lo puso sobre el escritorio al lado de una automática del 45.

–No sé nada de este material –dijo–. Tomo cocaína.

Vertí un poco en un pedazo de papel. Su aspecto no me gustó. Era de un color gris tirando a negro. Sospeché que la había obtenido por procedimientos caseros.

Gains se pinchó, pero ya estaba tan colocado con anfetas y morfina que no era capaz de decidir si la heroína era buena o no. De modo que me chuté también, y le dije:

–Es heroína, pero noto algo en ella que no me gusta.

Mientras tanto, no paraba de entrar y salir gente del despacho. Nadie nos hizo el menor caso, y eso que estábamos sentados en el sofá con las mangas remangadas y buscándonos una vena para pincharnos. En el despacho de un político mexicano puede ocurrir cualquier cosa.

El caso es que Bill compró la heroína. Luego nos separamos y no volví a verlo hasta el día siguiente, a las once de una radiante mañana mexicana, cuando apareció junto a mi cama. Llevaba su abrigo azul oscuro, que le daba un aspecto cadavérico; sus ojos tenían un brillo que antes nunca había visto en ellos, hasta el punto de que relucían en la semioscuridad de la habitación, que tenía las cortinas echadas. Se quedó mirándome, de pie, mientras en su cerebro bullían como espiroquetas las impurezas de una heroína preparada por manos inexpertas.

–¿Cómo puedes seguir en la cama cuando están a punto de llegar los envíos? –me dijo.

–¿Por qué no? –le respondí, molesto–. No veo... ¿Envíos de qué?

—De morfina pura, buenísima —dijo. Y, de repente, se metió en la cama, junto a mí, sin quitarse siquiera los zapatos o el abrigo.

—¿Qué te pasa? —exclamé—. ¿Es que te has vuelto loco?

Al mirar sus ojos, brillantes e inexpresivos, comprendí que era así. Lo acompañé a su habitación y me llevé toda la heroína que le quedaba.

Llamé a Ike, y le hicimos tragar a Bill diez centímetros cúbicos de láudano. Después de engullirlo, dejó de delirar acerca de «envíos de morfina pura, buenísima», y se quedó dormido.

—Si se muere, me cargarán el mochuelo —dijo Ike.

—Si se muere, esfúmate —dije—. Escucha. Tiene seiscientos dólares en la cartera. Sería una tontería dejarlos para que los coja cualquier policía mexicano, ¿no?

Registramos la habitación de arriba abajo en busca de la cartera, pero no la encontramos. Miramos por todas partes, excepto bajo el colchón en el que dormía Bill.

Al día siguiente, estaba como nuevo, pero no podía encontrar su dinero.

—Seguro que lo guardaste en algún sitio —dije—. Mira debajo del colchón.

Levantó el colchón y la cartera se abrió sola, por la presión de todos aquellos billetes nuevos y crujientes que la llenaban a rebosar.

En esa época no estaba enganchado, pero tampoco es que estuviera limpio, ni mucho menos, por si ocurría un imprevisto. Siempre tenía por allí algo de hierba, y la gente venía a mi habitación a ponerse inyecciones como si fuera la consulta de un practicante. Estaba tentando a la suerte sin sacar un centavo. Decidí que iba siendo hora de cambiar de aires y dirigirme al Sur.

Cuando se deja la droga, se deja una manera de vivir. He visto a yonquis dejar la droga, darle a la botella y terminar muriéndose a los pocos años. Entre los ex adictos es frecuente el suicidio. ¿Por qué un yonqui lo deja por propia voluntad? Es una pregunta a la que nunca se sabe qué responder. Ninguna reflexión consciente acerca de las desventajas y los horrores de la droga puede darte el impulso emocional para abandonarla. La decisión de dejar la droga es una decisión celular. Y, una vez que has decidido dejarla, no podrás volver a usarla permanentemente, del mismo modo que antes no podías pasar sin ella. Las cosas se ven muy diferentes cuando se regresa de la droga, como si se hubiera estado ausente mucho tiempo de un lugar.

Había leído sobre una droga llamada *yagé,* o *ayahuasca,* utilizada por los indios de las fuentes del Amazonas. Se dice que incrementa la sensibilidad telepática. Un científico colombiano aisló del yagé una droga a la que llamó *telepatina.*

Sé por propia experiencia que la telepatía es un hecho. No tengo interés alguno en demostrarle la realidad de la telepatía o de ninguna otra cosa a nadie. Lo que quiero es un conocimiento de la telepatía que me permita utilizarla. Lo que busco en cualquier relación es un contacto al nivel no verbal de intuición y sentimiento, es decir, un contacto telepático.

Al parecer, no soy el único interesado por el yagé. Los rusos están utilizando esta droga en experimentos con trabajadores forzados. Quieren inducir estados de obediencia automática y absoluto control del pensamiento. La idea es fantástica. Nada de lavados de cerebro ni de crear reflejos condicionados: simplemente, introducirse en el psiquismo de otra persona y dar órdenes. El asunto fracasará, sin duda, porque la telepatía no es en sí misma una estructura unidireccional, ni tampoco una estructura de emisor y receptor.

Decidí ir a Colombia a buscar yagé. Bill Gains se lleva estupendamente con Ike. Mi mujer y yo estamos separados. Me siento dispuesto a irme al sur en busca de un colocón que abra horizontes en vez de cerrarlos, como la droga.

Colocarse es ver las cosas desde un ángulo especial. Es la liberación momentánea de las exigencias de la carne temerosa, asustada, envejecida, picajosa. Tal vez encuentre en el yagé lo que he estado buscando en la heroína, la hierba y la coca. Tal vez encuentre el colocón definitivo.

ÍNDICE